学霸是怎样炼成的

贺月莲◎主编

中国文史出版社
CHINA CULTURAL AND HISTORICAL PRESS

图书在版编目（CIP）数据

学霸是怎样炼成的 / 贺月莲 主编. –– 北京:
中国文史出版社, 2018.5
ISBN 978-7-5205-0310-5

Ⅰ.①学… Ⅱ.①贺… Ⅲ.①高中生—学习方法
Ⅳ.①G632.46

中国版本图书馆CIP数据核字(2018)第118933号

责任编辑：卜伟欣

出版发行：中国文史出版社
网　　址：www.chinawenshi.net
社　　址：北京市西城区太平桥大街23号　邮编：100811
电　　话：010-66173572　66168268　66192736（发行部）
传　　真：010-66192703
印　　装：廊坊市海涛印刷有限公司
经　　销：全国新华书店
开　　本：787×1092　1/16
印　　张：13
字　　数：150千
版　　次：2018年8月第1版
印　　次：2018年8月第1次印刷
定　　价：39.80元

序言

新时代的阳光遍洒中国大地，我们每个人对更美好教育的向往从没有像今天这样坚实而热切。十九大报告指出"建设教育强国是中华民族伟大复兴的基础工程"。教育的根本任务是立德树人。教育的核心是培养什么样的人，如何培养人。

叶圣陶老先生曾说："教育是农业而不是工业。"最好的教育就像农民种地，是一个漫长的等待和守望成长的过程。

本书是株洲市第二中学2017届1401班全体学生、老师、家长集体的智慧结晶，也是作为班主任贺月莲老师倾心教育、守望成长的写照。翻阅此书，一种感动、丰富、充实的感觉油然而生。鲜活的素材、生动的描述、独到的见解、真挚的情感，书写着1401班共同奋斗的印记。

"爱，是教育的前提；但远不是教育的全部。由爱升华为责任——对孩子的一生负责，这才是教育的真谛。"本书的编者贺月莲就是这样一位对教育充满责任感的优秀老师。贺月莲老师潜心于教学与班主任工作三十载，她用无私的大爱、敏锐的视角、深刻的思考、专业的修为和坚实的行动，倾心尽力为和自己相遇的每一个孩子创造尽可能幸福完整的教育生活。作为二中"学霸"们的"领路人"，贺月莲老师的教育教学成果有口皆碑。

"你的手中是许许多多正在成长中的生命，每一个都如此不同，每一个都如此重要，全都对未来充满着憧憬和梦想。他们依靠你的指引、塑造及培育。"教育就是心灵的唤醒。贺月莲老师在所带的每届学生的第一堂课上，总是把"怎样做一个真正的人"的命题带给每个学生思考，让学生铭记"先成人，后成才，不成人，宁无才"。

教育，是一场孩子、家长和老师之间的美好相遇。在株洲二中的三年里，1401班全体同学带着各自的目标，共同去探索教育的无限可能，结果是令人欣喜的。

　　更令我们欣喜的是，在历史的沉淀中，株洲二中形成了追求卓越、开拓创新的精神气度，滋养出一大批优秀的教育工作者，培育出一大批国之栋梁，成就了二中的社会美名。愿二中沃土涌现出更多用教学演绎人生风采，用精神塑造学生人格，用生命激活生命，用情怀养育情怀的名师。也愿每一位求学者在二中发现自我价值，实现人生理想，从二中出发，走向世界各地。

　　让改变发生，改变正在发生！

　　我是和最优秀的人在一起，我们必将改变世界！

2018 年春于株洲市第二中学

目录
contents

少年，前进吧！——学霸篇

有爱就有突破

教师篇

当好班主任是一门艺术，更需要一定的智慧

贺月莲

　　班主任要有高度的责任心，足够的爱心、耐心和一颗平常心。面对千头万绪纷繁复杂的班级事务，班主任需要摆正自己的位置，当一名有智慧的总导演，而不要充当一名劳心又劳力的消防队员。一名优秀的班主任是让学生既爱戴又敬畏的人，也是让任课老师开心、学校放心、家长省心的人。班主任的一言一行直接影响孩子们的成长，有时甚至可以影响他们的一生。

　　2017届高考早已落下帷幕，经过全体师生的共同努力，G1401班在今年高考中取得了骄人的成绩：地区文科状元王浩宇以裸分676分位列全省第3名，谢馨以裸分675分位列全省第4名，沈家璇以裸分661分加上北大博雅计划优惠分10分位列全省第18名，三位同学都被北京大学录取。全班参考的54人全部被985、211等一本大学录取，王玉莹、杨昕湉、梁容榕、彭伟奇、龙真茜五位同学以专业排名靠前、文化过线几十分甚至一百多分的成绩考入中央美院、湖南大学、西南大学、四川音乐学院；班级600分以上31人，590分以上40人，班级平均分为605.5分，其中我所教的英语学科平均131.78分；全省高考单科优秀212人，我班占5人，他们是：张千千，语文131分；谭余荫、黄琛灵，数学150分；王浩宇，文综266分，谢馨，文综265分。成绩的取得并非偶然，亦不是我一个人的功劳，在此我要感谢我的优秀团队，洪涛、彭小飞、许香莲、易树明、邱婕这五位贴心的战友。

　　接手一个新班级，作为一个班主任一定要有一个全面的规划。高一新生的教育主要是养成教育，中心任务是"德"的教育。如果没有好的品德、没有责任心、没有担当、缺乏爱心、不懂得感恩，这样的学生就算成绩优秀也是暂时的，学霸需要的是强大的内心。

国有国法，校有校纪，班有班规。做一个严师，可以保证你所有的措施得到有力的执行。现在，许多所谓的理论家总拿应试教育说事，其实，我认为应试才是人的最基本的素质。要挖掘和提高这项素质没有严格的训练是做不到的。不知大家发现这个公式没有：智商不低的孩子+强势的家长=孩子成绩优秀。做好一个严师，很不容易，独生子，这一独特的群体，其基本特征是心理脆弱，所以严师往往是不受欢迎的，弄不好家长找麻烦，学生走极端。但我更认为放松管理是对班集体最大的伤害。我总认为严就是爱，是大爱，对学生最大的爱，就是把他送到名牌大学去！对学生最大的关怀，就是让他从此过上自信而有尊严的生活！

我一直在追求严得有度，严得公平，严得有理，严得真诚。以理解、信任为前提，做到严格的要求和真诚的爱相结合。

高一时，在我的授意下，我班班委会定的班规非常严格，违者都有严厉的处罚措施。我班黎紫薇在送给我的教师节贺卡中这样写道：贺特吼一吼，地球也要抖三抖。虽然刚进这个班的时候我很不适应，但是越到后面我发现，豪爽的性格、雷厉风行的办事风格、爱生如子的点点滴滴在不断地吸引着我们、激励着我们。

我觉得作为一名班主任尤其是优秀的班主任，切忌急功近利，一碗水一定要端平，尤其是面对问题生。有位女生高二编入我班，第一次月考任课老师反映答案和标准答案一模一样，易树明老师找她谈话她还振振有词。我不动声色地把她请到我的办公桌前，要她把月考试卷重做一遍，结果肯定是很糟糕。我说："你是主动交代还是立马走人？"她选择主动交代手机舞弊，并保证下不为例。过了两天，中午午休时，我到教室查岗，发现她在玩手机游戏，我在她身边站了几分钟她都没发现，轻轻地抢过来，读报课我当着全班同学的面把手机摔烂。手机我摔了，怎么办？不能就此完事，要做善后安抚工作，我向她承诺：一年后考上一本赔苹果5，考上二本赔一般手机，考不上不赔。从此后，班上再也见不到玩手机的了。405室是给优生自主学习的地方，我班陈希宇有时总会想办法溜进去玩玩电脑游戏，尤其是趁我不值班的晚自习。有一次我故意拿着包回家，一上晚自习我又悄悄溜回来，结果把他逮个正着，罚他倒一个月垃圾，他说："贺老师，太重了，能否半个月？"

我含笑回答："不行，班规面前人人平等！"

鲁迅说过：爱是教育的根基。班主任工作事无巨细件件让人费琢磨，但只要有爱就有办法。记得高一带学生到攸县罗家坪搞社会实践活动，我是想尽办法让大家互相了解，共建一个积极向上、互帮互助的班集体。我把班分成几个小组，白天完成学校年级的活动任务，晚上和几个班干部到田间买来新鲜的西瓜送到各个农户，边吃西瓜边举行唱歌、跳舞、猜字谜等一系列有意义的活动，同学们玩得很开心，留下了一段美好的回忆。

我班李同学胆子特别小，老师上课喊她回答问题她都发抖，且声音小若蚊子。她妈妈在华丽做服装生意，一天到晚都很忙。有个周末我去她家家访，发现她家是个离异家庭，小时候爸爸家暴，经常打她妈妈，造成了这个女孩现今的状况。了解情况后，我安排吕梦娟这个胆子特别大的女生和她同桌，吕梦娟天不怕地不怕嗓门也很大。从此后吕梦娟充当了她的保护神，两人也从此成了最好的知心朋友，李同学的胆子也渐渐变大，学习上也渐渐充满自信。考虑到这个孩子身体素质比较差，有一天我把在大学里每天清早跑步的经历及好处告诉她，她一一照办，通过一年多的锻炼，她脸色好了，睡觉也安稳了，身体素质明显提高，在今年高考中她以657分的好成绩考入复旦大学，她妈妈非常感激我，说是我让她女儿脱胎换骨变了个人。

有爱就有激情。我们的国度，从来就不缺少教育理论，从来就不缺少教育的氛围，家长重视孩子教育的激情，全民高涨，但我们缺少优秀的教育操作者。孩子的差异性天生就有，无奈我们的家长和一些老师总想走捷径，不思考，照抄照搬，希望一劳永逸，这是不行的。

作为班主任每天面对的是几十个有血有肉的不同的个体，你的一言一行都在潜移默化地影响着他们，所以我每天都要积极乐观，用正能量感化他们。一个班主任真正的力量，就是他的慈祥和温暖。班级因为你而和睦、和谐，让人感到大海般的接纳包容，又壮观，又不可搅动。这就是学生成长的宽阔天地，这样的班主任，形象就是规则，言行就是方向。心理学家告诉我们，学生的问题主要是情绪问题，学习不好都是因为负面情绪困扰，很少因为智力因素。教师内心的焦虑与浮躁，比学生有学习问题更可怕，只有学生内心平静，才有可能吸收、沉淀、理性思考，才能远见、卓识、创造，才能真正优秀。

张馨方高二从别的班进入我班，基础不是很好，有点自卑，我和她交流过多次，她在给我的贺卡中这样写道："贺老师你对我超好！我超喜欢你的！你总让我不要胆小，要自信，昨天我上台发言的时候老是看你，你点头我才有信心继续说。贺老师你还经常帮我面批作文，有时我老容易紧张，但你那肯定的眼神让我找回了自我，更找回了自信。贺老师，请您相信我一定牢记您的话！埋头耕耘不问收获！祝我心中的女神——贺老师教师节快乐！"她在最后一次月考中年级第91名，而在今年高考中也取得了631分的好成绩。一年到头我绝不允许自己懒洋洋地展示在学生面前，我告诉他们努力不一定成功，但不努力肯定不会成功，当然不努力可能会很舒服，但绝对只是暂时的舒服。别太相信学习是快乐的，别太相信兴趣是最好的老师。高端学习都是枯燥的，不讨厌就是兴趣。我教了那么多清华北大的学生，真正认为学习是快乐的很少，如果真有快乐，那也是通过学习考出高分的快乐。如果有一个人能够在学习中感到快乐，那就很可能成为大师级人物。绝大多数人是不会的。绝大多数人是不得不学，是为了某种目的去学。所以，品质和意志才是真正的好老师。相信我们的学生是属于大多数人中的一个吧。凭什么学习是快乐的？学习里面一定有痛苦的成分，这是不言而喻的。好成绩基本上都来自学生的好习惯，什么时间专注地做什么事，日积月累，某一天不小心他成了第一名，他自己都想不到。只有内心无比强大的学生，才能战无不胜。

高二下学期在大家忙于学考的时候，我把全班同学带到神农公园烧烤，欢迎家长参加，以小组为单位，看看谁的厨艺最好，评出烧烤最佳能手，中午1点准时出发，6点40准时赶回教室晚自习，吃饱了喝足了玩够了开心了，晚自习时教室里鸦雀无声，同学们很快进入了最佳学习状态。用王浩宇的话讲就是："生活在1401班我们每个人都很开心很幸福，我们是在学习中懂得了怎样去生活，又在生活中去探索学习的乐趣。"

有爱就有突破。把不可能的事变成可能就是突破，每个学生在学习和生活中的点滴突破就是奇迹。教育是一个系统工程，需要我们用心去规划和实施，学生的学习是一个成长的过程，需要他们全身心的投入。这不仅需要有坚强的内心，更要有强大的体魄。我时常告诫他们：每天锻炼半小时，幸福生活一辈子！我不允许体育课有逃课现象，发现一个，停课一节，到操场补上。赵校长多次跟我讲，操场上发现一群女孩子在踢足球，问是哪个班：1401班。再遇到几个在跑步的，问是哪个班：又是1401班。要记住，我们培养的是经得起风雨的坚强勇士，而不是娇生惯养的懦夫！高三运动会，我鼓励每个同学都要积极参与，告诉他们参加运动会的目的是：重在参与，不在乎名次，要让自己在高中期间留下一段最难忘的记忆。结果我那些可爱的孩子们却创造了一个让我意想不到的奇迹，一个只有7名男生的班级居然获得"高三团体总分第一名"！当然也获得了"优秀方块队""体育道德风尚奖"。他们拼的不是实力，他们拼的是一种运动精神，是一种内在的动力和勇气！宣布名次的时候，全班同学欢呼雀跃，我感动了，同学们也流泪了。这一群可爱的孩子们时刻让我感动，给了我无形的动力，和他们在一起我是快乐的。文科班女生多，有时候一遇到问题喜欢哭鼻子，我就跟她们说："这个社会不相信眼泪，只相信实力！"慢慢培养她们的坚强和冷静。她们习惯用小纸条及书信的方式和我交流，头天晚上写好，悄悄地放在我的办公桌上，我会一一细读然后慢慢引导。54个孩子54种个性，不求一把钥匙能开万把锁，但是每一把锁肯定有一把钥匙能打开。一个教育行为不可能打开所有的锁，一个教育行为不可能对每一个学生都发挥作用，或者都发挥相同的作用。所以好的教育是丰富多彩的教育，只有丰富多彩的教育方式才能打开千差万别的锁。

老师应该有这样的豪气：用我的一生撰写"个人教育史"。一切的教育智慧皆酝酿并诞生于"我"。个人的教育史，寓于老师留下让学生传说的故事之中。有了这些极具情韵的故事，生活在校园里的师生们如浴冬阳，如沐春风。这些有意义的、值得回味的人或事，为一代代人的成长汇集了必不可少的生命元气，供应了源源不绝的生命能量。这些故事的留存，时间长了，就化为了校园精神，也就成了学校文化。班主任工作的着眼点：远近高低。但都要从最细小的地方做起，做别人所不能做的，忍别人所不能忍的。

陪伴是最好的教育。我班只有4名同学走读，但也在学校晚自习。孩子们大部分时间在学校，这就需要老师尤其是班主任的细心呵护和精心陪伴，每天早上我大都是7点左右到达学校，第一个开办公室的门，我把包一放就去教室，这时的教室、走廊上就有40个左右的学生在早读。我就站在讲台前默默地陪伴着他们，中午午休就在办公室或者书吧，我总觉得离他们越近我就和他们的心贴得越近。我班有个特困生王同学，父亲早逝，妈妈靠打零工维持母女俩的日常开支，她平时有点小自卑，我到她家去家访，看到她家就是在钢厂里面的一个小单间，家徒四壁，回校后我就想办法解决了她的一些相关费用，告诉她有困难找我。她在去年新年贺卡中这样写着：Dear贺特，对于你的喜爱真是无法言表，就喜欢贺特浑身散发出的自信与霸气，简直就是我的女神！初见面时，你的霸气让人害怕，后相识时，你的霸气让人放心。感觉有你在身边，我没什么好害怕的啦！您的高调做事、低调做人常常鞭策着我前行，这两年多里最大的收获就是在您身边磨炼了心志。谢谢了，我梦中的女王。期待您的六十大寿，我们一班再聚给您庆生。

孩子们的成长离不开老师的陪伴，更离不开家长的陪伴。临近高考了，他们有些紧张是很自然的，但尽量要让这种消极的情绪降到最低点，为了缓解大家的紧张情绪，我把最后一次家长会安排在端午节前一天，地点在工会活动室，每位家长从家里带一个菜过来，结果很多家长都带来好几个菜，粽子、盐蛋、饺子等应有尽有，孩子们、家长们和所有的任课老师欢聚一堂，尽享百人宴之乐，大家高喊："1401，高考必胜！"那感人的场面至今还历历在目。孩子们不仅感受到父母及老师对他们的关爱，更释放了心中积聚的压力。高考前朱丹和几位女生问我："贺老师，我们是不是有点不正常，快高考了，怎么一点也不紧张。"这正是我要达到的效果。

高考前后几天我班42名同学不回家，都住在学校，说有我陪着他们心里很安稳。可把我害苦了，白天晚上教室、寝室两头跑，生怕出什么状况。陈希宇晚自习时教室、寝室都不见人，我满学校到处找，最后终于在男生寝室六楼楼梯间找到他，12点多等他们就寝后，回到家已是筋疲力尽。第一天考完数学，沈家璇晚自习没来自习室，我就去寝室找，发现她关了灯躺在床上，我问她哪儿不舒服，她说浑身不舒服，数学没考好。面对关键节点出现的突发情况，其实我内心比学生更焦虑，但我表面非常镇定，因为我深知，教师情绪不稳，学生肯定会跟着翻腾。因此我从容镇定地跟她说："沈家璇你都做不出，别人肯定也做不出，你担心什么？"其实最后沈家璇数学考了137分，最终以661分加北大自招10分考到了全省第18名。刘日瑶文综大题答错位置，导致历史一道17分的大题没时间做，哭着鼻子把准考证交给我。我马上对她进行心理疏导，把她喊到午休房，跟她说："刘日瑶你这么细心的人都出了差错，别人的差错肯定会更多，没关系，继续考。"学生们看到我这么坚定的表情，很快平息了紧张的情绪，从容地进入了下一场考试。虽然17分的题目没做，但她最终还是考了599分。

高考完了那一瞬间，我好像逃离了地狱，但看到孩子们一个个搬离学校，又觉得自己离开了天堂。杨昕湉在博客里这样写道：离开1401班就像离开家离开父母一样不舍！

我可爱的1401班的孩子们，给你们一份自信、一种氛围、一个平台你们就能飞，给你们一份十足的自信、一种和谐的氛围、一个发展的平台你们就飞得更高！感谢你们，是可爱、勤奋、努力的你们成就了我，让我变得更优秀！

最后我坚信：苦心人，天不负！爱能创造教育的奇迹，每一个突破都是奇迹！

世界因你们而改变

洪　涛

高考已经结束了，五十多个青春靓丽的笑脸还洋溢在我的周围，一千多个挥洒汗水的日日夜夜让我感慨万千，元旦之日，北方的学生寄来贺卡，感谢言语中，一句话让我触动："涛哥，谢谢你的付出，你的付出改变了我。"而我想说的是：1401班的孩子们，努力吧，未来的世界会因你们而改变。

可以肯定地说，作为一个老师，我是幸运的，能够遇到这么一群可爱的孩子和一个积极进取的团队。和贺特是"老三届"的战友，她的风风火火、不怒而威，我却一直学不会。可以说，我是在她的这片树荫下走向成熟的，当然还有做事踏实的小飞姐、温文尔雅的易教授、风度翩翩的许女士以及热情好学的邱妹妹，五女一男的黄金组合，可以将一切青春靓丽秒杀。其实最重要的是这些青春的笑脸，正是这些青春，靓丽了2017年的箐箐校园。

三年的时光可以定格成一张图片，每一抹色彩就是一个成长的故事；三年的时光也可以聚成一滴水珠，每一束阳光都能折射出青春的青红黄绿紫；三年的时光，有时又觉得好像一堂语文课，刚刚开了个头，下课铃就匆匆响起，然后便是一群宁小萱围着问个不停，让人异常怀念。

作为语文老师，我的课堂可能是最轻松的，轻松的让一些孩子有点受不了，现在眼前还总是浮现几个孩子围着我据理力争的情景，她们担心自己的语文成绩会就这样松下去，我颠覆了她们语文课所有的想象：可能上着上着，课堂变成了一场辩论赛，针对某个时事热点，马上正反立分，我俨然成了一个倾听者；有可能上着上着，课堂又成了一个百家讲坛，针对一个历史事件，个个谈古论今，沁龙同学无疑成了主角，他的古文功底总是让大家喷啧称赞；也有可能上着上着，课堂又成了一个吐槽大会，这铁定是针对某篇周记或作文的各路评价，或点评自己佳作的灵丹妙笔，或毒蛇般的吐槽某处的败笔，但一番慷慨激昂后总能出一篇上乘之作……在这样的课堂中，孩子们可以畅所欲言，勇敢表达，有的甚至能引经据典，纵横捭阖，在言语的碰撞中思想得以升华，语文素养也得以培养，有时我在想，几个小孩能在模拟联合国的活动中脱颖而出，是不是得益于课堂上的侃侃而谈而游刃有余呢？

1401班的孩子们是可爱的，他们活泼而严谨，智商与情商皆为上乘，又有一股积极向上的韧劲，教这样的孩子是非常开心的，感觉每一节课都在和孩子们一起成长，收获幸福和感动。犹记得班级读书分享会上，孩子们的主持创意，有板有眼，宛如电视直播，直到现在，梁容榕同学的前无古人的发言还在耳边挥之不去；犹记得课堂上吕梦娟同学的奇思妙想，每次都能激起千层浪，最后却被拍死在沙滩上；犹记得浩宇同学在课堂上摇着笔杆、字字珠玑地阐述自己的见解以及对王小波和社会现象的独特看法；犹记得每次月考后怡璇同学拿着试卷的幽怨眼神，不知道我每次的"看山"歪理是否能让她释怀……这群可爱的孩子，在我信奉的"死去活来"法中学语文，抱定成为"有米之巧妇"的决心，其过程虽然痛苦，却也有"看山还是山"的蜕变，不少孩子更是将语文绝学"乾坤大挪移"发挥得淋漓尽致：作为全班读书最多的孩子，张千千同学语文131分，进入全省优秀行列；杨沁龙同学斩获全国创新作文大赛二等奖、"叶圣陶杯"作文大赛一等奖；刘钰琦、徐洁同学更是脱颖而出，获全国科普科幻作文大赛一等奖，而全班的语文高考平均分113.68分，稳居全校第一……

三年的时光如白驹过隙，未来的世界必将云卷云舒，怀揣梦想和执着，你们必将书写灿烂的人生；怀揣自信和勤奋，你们必将改变世界。停笔之余，瞥见书桌上的一把小扇，那是沁龙同学游学东瀛带来的小礼物，不知什么时候你能填上自己的俳句；也不知什么时候能非常认真地给大家演唱那首让你们期待许久的《女人花》。

见证你们的青涩年华

彭小飞

时光如白驹过隙！百日冲刺时同学们的铮铮誓词至今还在我耳边回响；在教室走廊上、在校园里你们高声喊我的名字时脸上洋溢的灿烂笑容还在眼前不时浮现；教师节你们送给我的贺卡至今还放在我的办公桌上，你们给我画的素描还张贴在我的课表旁；课堂上，你们悄悄将某人的照片投影在屏幕上，然后憋着笑不动声色地望着我的神情仿佛就在昨天；运动场上，作为文科生的你们奋力拼搏勇夺团体总分第一名的惊喜还在校园传颂；艺术节上，你们精心编排、演绎最终获得第一名的戏剧还在学弟学妹们嘴边津津乐道……一眨眼，你们离开高中校园好几个月了。

几年前，为了追求共同的梦想，你们相聚在二中，我有幸成为了你们的老师，见证了你们的青涩年华。三年来，你们披星戴月，发奋苦读，寒暑不停，风雨无阻。春寒料峭中有你们执着的追求，夏雨滂沱中有你们跋涉的身影，秋风瑟瑟中有你们勃发的激情，冬雪飘飞里有你们坚定的足迹。三年来，在与困难斗争中你们逐渐成熟，长大。所有的艰辛，所有的汗水，所有的付出，最后汇聚成一股强大的力量，成就最出色的自己！校园的每一个角落都记录着你们所创造的精彩！

高中数学学习，一直都让很多学生感到头疼。很多学生宁愿去记单词，背文综也不想去做数学题。经常听到很多家长说自己的孩子一学数学就头疼，每次做作业也是拖到了最后才慢慢完成。每个班上总会有几个数学成绩特别好的学生，也有那种分数一直考不高的学生。其实，数学学习只要掌握正确的学习方法，想要提高成绩并不是一件很困难的事情。我们1401班的孩子们对于数学科目的学习最有发言权。和你们一起快乐地学习数学、享受数学、最终轻轻松松得高分的过程，至今仍历历在目。

首先是重视课堂的听和说。在课堂上认真听课，做好笔记，参与课堂内的讨论和讲题。还记得同学们为了赢得讲题机会而在课堂上高高举起的手，漂亮的板书，精准的解说，美丽的函数曲线和几何图像，同学们在一次又一次的讲解中，不仅帮助了他人，更是提高了自己的能力。最佳讲师有谭余荫、王浩宇、刘东哲、黄琛灵、陈希宇、沈家璇、杨沁龙、刘洋、王玉莹等。

其次是重视规范的书写。我们从答题的第一句话开始统一规范，到每一行、每一句的措词，符号语言、文字语言、图形语言的准确运用，到各行各列的整齐排列等，同学们精益求精，乐此不疲。还记得贺锦、谢馨、夏源琼、方希婧等同学漂亮的答卷赢得的一片啧啧称赞。还有谭余荫的草稿纸，就像是学习笔记一样整洁漂亮，我们1401班的孩子对待学习就是这么舍得投入。

然后是重视课后的总结归纳。我们用过的数学笔记本、错题本，分门别类的整理、归纳，随便拿出一本都是数学学习的宝典。我们曾经说过的话你还记得吗？"要像看小说一样的迷恋你的笔记本，每天翻看、记录"。张馨方、张旖旎、张千千、刘日瑶、张姮辉、苏安琪、谢芳、李怡璇、徐洁、朱丹、袁昕吟、尹露薇等同学的笔记本，令人印象深刻。

此外还有课后作业的认真落实。作业是检验学习效果、巩固新知识的必要环节，我们1401班的孩子们怎么会错过这样一次机会呢？在我们两位课代表朱丹、贺锦的统一安排精心布置下，孩子们对待作业从不叫苦叫累，照单全收，认真完成，第二天一早就放到了我的办公桌上。每天翻看批阅大家的作业，熟悉了每个同学的字迹，到后来只要看见字迹就能说出名字。有些同学的书因为每天用，每天翻，卷起了角，磨破了书皮，悄悄用透明胶粘上，用订书钉订好，孩子，你还记得吗？

学习数学，是一个曲曲折折的过程！俗话说：三分天注定，七分靠打拼！每个星期天晚上的"数学周周乐"、我们一起做过的"数学周考巩固练习""月考巩固训练""数学培优训练""数学小题训练"……孩子们，你还记得吗？就是在这样一次又一次的训练中，你们成长、进步，越来越出色。一直到最后笑着走出高考考场，创造二中数学成绩新纪录：2个同学满分，16个同学140分以上，平均分129.6分。孩子们，我为你们骄傲。

"宝剑锋从磨砺出，梅花香自苦寒来。"带着父母的嘱咐，带着期盼，带着新奇，你们踏入向往已久的大学校园，一切会是陌生的——新的环境、新的面孔、新的起点，你们将会拥有更加广阔的舞台。拿破仑说过这样的一句话：在我的字典里没有"不可能"这三个字。这是强者的风范。真正的强者不在于称雄一时，而在于能自强不息，对设定的目标锲而不舍、孜孜以求。

把时间还给学生，把方法教给学生

贺月莲

虽然离开1班的同学们已经快半年了，但孩子们在课堂上的表现还历历在目，仿佛就在昨天。和往届学生不同的地方是，他们更懂得感恩，更懂得珍惜，更懂得互帮互助，共同进步！和他们在一起，我们任课老师都感到很快乐，当然也包括我——班主任加英语老师。现就三年的英语教学谈两点体会。

一、构建英语生态课堂，激发学生的最大潜能

我国著名教育家叶圣陶在《教育与人生》中提道："教育是农业，不是工业。"教育的目的是让学生像植物一样顺其内在的生长规律自然生长，而不是用工业模具将他们铸造成成批的产品或机械零件。但是在传统英语课堂中，学生的学习方式以被动接受式为主，教师忽略了学生的主动性、能动性和独立性，课堂失去了生命活力。

教学就是要"把时间还给学生，把方法交给学生"。我的课堂教学追求让每个学生都真正体验到"我的课堂我做主"。为了"让课堂焕发出生命的活力"，我一直在想办法把教学改革的目标定位在探索、创造充满生命活力的课堂教学上，让学生们自然健康地成长，最大化地激发出他们的潜能，构建起英语生态课堂。为此，我把全班54个同学按照他们的兴趣爱好、性格脾气、学习成绩等编成9个竞争小组。在课堂上无论是小的对话课还是大型的project的汇报展示，同学们都做得有板有眼，时不时地给大家带来很多惊喜！尤其是课外报刊阅读课（21世纪报），我事先把任务分布到各个小组，也把目的和要求告诉大家，每个组的成员必须人人参加，缺一个就扣本组1

分，为了不给本组丢脸，各小组提前做好人员和内容安排，同学们特认真，在每两周一次的课外阅读课的分享环节中，各个小组轮流上台展示，从词汇、词组、句型、句子结构到段落、篇章及中心思想，同学们分析得头头是道，一个接一个地汇报本组的阅读体会；在汇报过程中，听众可就相关问题询问汇报小组，教师也可适时做点评；有些组还按高考题型的要求把文章编成"完型填空"题、"语法填空"题、"改错"题，大家的表现赢来了一阵阵掌声，经常在激烈的比拼中，一堂课不知不觉就结束了，这种合作型阅读活动既可以提高学生的学习能力、阅读能力和思维能力，也大大地提高了他们对阅读的兴趣，增强了学习英语的信心，同学们的听说读写的能力自然而然地通过日积月累而稳步提高，英语成绩一直在年级处于领头羊的位置，最后高考取得了辉煌的成绩，全班54个人参考，有13人上140分，39人上130分，人平分达到了131.78分。

二、培养学生做笔记的好习惯，增加个人特色积累

优秀的笔记往往是学生浓厚的学习兴趣、端正的学习态度、明确的学习动机和较强的学习能力的写照，输入的内容如果略高于学习者现有的水平，有趣又相关，且有足够的量，习得就会自然产生。基于此，我一直在探讨如何促使学生养成做笔记的良好习惯，以培养学生学习的自主性，并提升其语言能力、学习能力和思维品质等核心素养。帮助学生在学习中善于记录要点、对所学内容加以整理和归纳并主动复习等，让所学知识内化成自己的东西。

为了调动学生做笔记的积极性、丰富学生的语言并提升学生的语言能力，我要求学生不仅要在课内与课后积累对自己有学习价值的词汇和语句，同时也把练习题或者考试中的错题积累和分析记录在笔记本内，便于随时复习和利用，而且还指导他们要增加个人喜爱知识内容的特色积累，进一步加强笔记的实用性，突出笔记本作为"个性化的学习资料"的特征。高一上学期我坚持一个月检查一次，好的作为范本传阅，榜样的力量是无穷的，慢慢地全班同学都有了一个共同的好习惯：做英语笔记！到了高三下学期，还记得谢馨、谭余荫、李怡璇、刘东哲、张千千、张馨方、宁小萱、杨沁龙、

刘洋、王浩宇、王媛等一大批同学的笔记本，有的六个学期六大本，有的三个学年三大本，整洁漂亮，形形色色，彩笔交汇，令人爱不释手！我多想要他们把这些宝贝留给我做纪念，可他们说："贺特，其他东西都可以赠送给你，唯独这些个英语笔记本我们要带走，带到大学里去！"

欧思婕说："对我来说，笔记本除了可以积累，更重要的作用就是督促我学习，让我上课不走神。三年下来，每周都肯定要在笔记本上积累点什么，不然自己都会觉得心慌，好像有什么重要的事没有完成一样。我也相信我会一直将这个好习惯保持下去的。"沈家璇说："笔记在我的英语学习中一直起到了很重要的作用，它积累了我学习的各个方面，是一个巨大的资料库，我可以从其中找到大量我想要的东西。笔记对于我来说不仅仅是学习英语的工具，更是一个令我自豪且充满回忆的作品，一本回忆册。"

1401班的孩子们确实是我教学生涯中遇到的超级棒的一群学生，希望你们继续保持这样的昂扬斗志，永超自我，不断前行，再续辉煌！

高考不神秘

易树明

今年1401班"蹭饭图"（即G1401班同学大学分布图）一出来，学校老师和同学，社会上一些知情人士一片啧啧的称赞声，一个班54个同学分别被不同的大学录取，其中不乏知名的大学。作为他们的政治老师，不时会有亲戚朋友、老师同学向我打听，G1401班到底是一个怎样的班？学生有什么学习的诀窍？他们到底有些什么成功的经验？在此我只是从一个政治老师的视角谈谈我的看法。

G1401的绝大多数同学都是我从高一一路教过来的，其实文理分科时同学中不乏性格内向的，有的同学甚至上课回答问题声音都有点发抖；个性特立独行的；绝大多数是独生子女，独生子女所具有的优点和缺点他们都有，唯一不一样的是他们睿智、乐观、积极向上、从不斤斤计较，有事大家一起商量，有问题大家一起解决，集体荣誉感特强。正是有了这些潜质，为今后成绩的取得奠定了坚实的基础。

对于政治学科而言，由于绝大多数同学都是我熟悉的，高二文理分科时就已熟知许多学生的性格特征、在政治学科方面存在的优势及问题；自然在高三与他们相处时就多了一份轻松和自在。表面上我们是师生关系，实际相处更多的是朋友方式。所以在高三的政治课堂上尽管作为老师有时会有点"师道尊严"，但讨论问题绝对是"亲切交谈"，在G1401的课堂上，学生回答问题有的只是鼓励，绝不会出现喝倒彩的现象；答错了有纠错，但绝不会有指责；久而久之，胆子小的同学也能畅所欲言，一个个的问题经常会碰撞出不同的思维火花，一堂课下来经常会意犹未尽。在G1401班，有一批同学平常就注重阅读，关心国内国际的时政大事，一些问题经常会被大家提出讨论，在讨论的过程中带动大家开阔视野，这些平常不经意的耕耘为以后的高考奠定了良好的基础。

课后，由于学校为文科班配备了一个有电脑有网络的自习室，一些兴趣爱好相同的同学会利用自习室查阅资料，下载一些试题做完再进行讨论；但也有一些同学会利用电脑做一些与学习无关的事情。如何提高利用网络的效率，避免无休止地在网络这个汪洋大海中浪费时间和精力，我会适时地举办一些小型讲座，告诉他们方向比努力更重要。帮助他们了解高考改革和评价的主要精神和总体方向才是我们复习备考的重点和中心。"为什么考"（即高考评价体系，"立德树人、服务选拔、导向教学"）、"考什么"（明确"必备知识、关键能力、学科素养、核心价值"四层考查目标）、"怎么考"（明确"基础性、综合性、应用性、创新性"四个方面的考查要求）。让他们在查阅资料下载试卷方面能做到有的放矢，提高复习的效率。

高三的生活注定是紧张与兴奋，担忧与期待并存的，每个月的月考成为了检测一段时期学习的手段，许多同学会有起伏有波动，有的甚至会因为没考好而哭泣；其实这都是正常的现象，只要我们发现问题从而想办法去解决问题，如胆子小的我会告诉他们你把下面听你讲话的人当做什么都不懂的人；情绪不好的我会告诉他们找时间去跑跑步，通过运动发泄一些负面情绪；学习累了效率低的时候索性停下来睡一觉休息好等，只要我们顺应规律去做，最终都能有所收获的。

高考是磨人，但高考也不是那么神秘。说实话，G1401班的文综成绩确实辉煌，超省平均分66分多，还有两个同学进入省单科优秀，但对于我而言，带G1401高考的一年是比较轻松愉快的。我常告诫他们埋头耕耘，不问收获。事实证明，埋头耕耘，必有收获。

天道酬勤　有恒乃成

邱　婕

　　2017年高考已落下帷幕，G1401班全体师生在学校领导下以"一路高歌豪气在，我辈岂是等闲人"的昂扬斗志在高考中尽展辉煌风采、再创历史新高，为我校高考历史又添一笔浓墨重彩。回顾700多个日夜，阳光与风雨兼程，1401的孩子们终以自己的努力与坚持交出了令人满意的文综答卷，也迈出了人生中坚实的一步。

　　近年来高考文综新课标全国Ⅰ卷历史部分的难度一直居高不下，许多师生都笑称"得历史者得文综"，纵观近五年来文综历史试题，其命题有以下两个主要特点：考点选取落脚于主干知识，强调基础性；问题设计突出考查能力与素养，其中选择题绝大部分为最佳选项题，特别需要考生提高在掌握基础知识前提下的分析题干材料、甄辨陷阱选项的能力，所以文综历史中高手过招往往决胜于选择题，正可谓"做好选择题，历史没问题"。

　　针对文综历史命题的突出特点，首先，我杜绝了"广撒网、撒大网"的心态，认真"啃"《考试大纲》《考试说明》，明确考点的分布和与往年相比的变化，进行针对性复习，将考点、能力要求和考查形式一一落实到一轮复习中，并注重让学生回归教材、自主构建知识体系。我让大家准备知识框架构建专用本，要求在每个专题复习完后自己构建专题框架，从而整理考点、熟悉知识间的内在联系、深入理解历史概念、落实对主干知识的记忆掌握以求在习题中熟练运用。这样的做法，坚持几天并不难，难的是坚持上百天，为督促、鼓励大家，我经常选取贺锦、谢馨、杨沁龙等同学的优秀范本进行拍照展示，再让两三个学生进行点评，在点评中取长补短，互相共勉并持之以恒。

其次，一轮复习不求快速推进而求稳扎稳打，每个专题复习都有针对高频考点的解题能力训练，精心选题，并重点捕捉和解决学生易忽视和混淆的知识点，从解题中把握考题特点、考查方向。在每个专题复习完后及时进行强化训练，做到全批全改；重视及时讲评，让学生能够及时纠错，保证练习的时效性；对部分同学进行面批，规范他们的答题习惯、矫正不良解题思路，鼓励他们有错题本、多和老师交流探讨。1401的孩子们是文综办公室的常客，特别是"萌萌哒"的历史课代表谭余荫、"充满哲理感"的刘洋、"十万个为什么"的刘东哲。孩子们在问历史题之外会给我出心理测试题、和我交流自主招生面试题甚至是分享影视、文学作品。在这样的平等交流中增进了师生情谊，也更利于解决学习上的问题。

然而，就算是把常规复习工作都做到位了，历史试题的灵活与博大精深往往会在一次次月考后让我们有深深的挫败感。吕梦娟还有其他几个孩子跟我开玩笑说："每次选择题总错得让我怀疑人生，以后干脆选我觉得错误的，说不定还是正确答案！"针对这种情况，我整理了近五年高考文综新课标Ⅰ卷的选择题，和孩子们一起从高考真题中去找考情特点、应对策略，让他们自己去分析、讨论得出高频考点、做题注意事项和今后的复习策略，让他们真切领悟到高考并不神秘，高考题并不难，关键的是努力和坚持努力、有信心和有强大的信心！我告诉他们：每次考试后重要的是发现问题和解决问题，而不是为几个阿拉伯数字伤春悲秋。模拟题会有些过偏过难，而高考真题都会很"正"，所以没必要担心，只需找到对的方法并持之以恒，相信自己就是最棒的！

到了最后的冲刺阶段，张馨方觉得自己已经非常努力而得不到高分的眼泪和王浩宇找我探讨为何选择题总错五六个的焦虑让我记忆犹新。而我坚信1班的孩子们在基础知识、解题能力及规范答题方面都没问题，他们缺乏的不是实力而是信心！在这个关键的"瓶颈期"，我在课堂用基础题、典型题让他们坚信自己没问题，在课外用轻松的聊天谈心给他们积极的心理暗示。因为此时的孩子们，真正需要的是让自己坚持到高考那天的信心和老师的鼓舞！

盛名之下，是与之相称的实力，更是日以继夜的努力与坚持。所谓"天道酬勤，有恒乃成"，数百日夜的临池舞墨、精心磨剑终于铸就辉煌！岁月辽阔，唯愿G1401的孩子们不忘初心，以更强大的毅力和执行力去实现人生梦想！

一起学习，共同成长

许香莲

好奇

"石燕湖论道"时，同事告诉我，G1401班团队非同往常，天赋超群，不可小觑：活泼、睿智、优秀。当时的心情既兴奋又忐忑，接手这种班级得全方位地做足功课，以备不时之需。可是优秀到什么程度呢？我只能拿出老师的"杀手锏"——考试，苦熬了几个昼夜，一套难度不小，综合性较强的高考风味试题出炉了，进行摸底考试。成绩出来了，乍一看，果然很优秀：选择题全对的有20多个，综合题文字表述功底较厚的也有不少……便报告贺特，地理没问题。再仔细一看，答题卷面上也不无流露出一些迷惘和困惑：究竟地理怎么学，高考怎么考……这，又为我的接手出了一道难题：道怎么传？惑怎么解呢？

研究

摸底考试，与其说是考他们，不如说是考自己："地理怎么教，高考怎么备……"，方向比努力更重要。怎么办？于是便一头扎进高考研究当中，研究课程标准，研究考试大纲，研究各个版本的高考试题及专家的高考评析……然后，有了我给他们的第一节课：《高考怎么考？地理怎么学？》。告诉他们课标、考纲、教材、高考试题间的关系：课标是制定考试大纲的依据，它从理论的高度确定了每年高考的测量目标，大纲是高考命题的直接依据，教材则是实现课程目标、实施教学的重要手段。由于高考试题的命制依据是课程标准，而地理课程标准强调的学科核心素养是人地协调观、综合思维、区域认知、地理实践能力。而这些核心素养既是地理学科的特点，恰好又是拔尖人才的重要能力。"核心素养立意"必然成为高考试题的基本特征。实用性较强和更贴近社会生活的问题必将成为试题立意的首选……这样，复习起来也就顺风顺水了。

成长

"理想是丰满的，现实是骨感的。"高考对考生综合素质、学科素养要求更高，而学生们的现状却不容乐观。因为他们多是独生子女，是90后、00后。父母多视为掌上明珠，家家都把他们当金丝雀，足不出户，普遍表现出理论联系实际能力弱，动手能力差，缺乏生活常识。那又怎么办？要想在高考中能有不俗的表现，在高三教学中，必须有相应的变化。"一本好书胜过一套试卷，一段旅行好过一次培训。于是就有了，不管有多少试卷没做完，观看、阅读、闲聊等成为一种常态，读报课放《地理中国》《人类星球》等观看，去图书馆借书给他们课间消磨，甚至茶余饭后领着他们中的一小撮到校园内外漫步，看自然景观，谈风土人情，叮嘱家长周末多陪学生徒步、骑行、参观……这样，充分利用校内外的教学资源，广泛阅读，综合实践，养成了热爱生活，学会观察，善于思考，提高了地理实践能力和学科素养，达到了不惟高考，赢得高考的目的。过程很艰辛，但结果很幸福。

如果

如果这种教与学还能来一次，我会竭尽闲暇，用教育的优雅，找更多的他或她聊天，敲开其中许多的细节，听他们细说家庭背景，成长过往，学习环境，内心纠结……或许，不光是在读书和考试中，都将会有更多的奇迹发生。

相信孩子比相信我们更重要

家长篇

孩子有问题很正常

张千千家长　张曼平

　　人与人之间的根本差异是什么？我的浅见是视觉的差异。究其实质，人的诸多问题无非是一个问题的两个方面，一个问题就是视野和觉悟即视觉，两个方面就是怎么看与怎么办。对孩子学习的教育，我们要反思一下自己的教育视觉。

视觉一　怎么看

　　孩子有问题很正常，如果孩子没有问题，这个世界都会不正常。试问，我们有几个人认为自己的孩子一定是这个世界最好的唯一？所以，我们首先要做的和能做的，就是弄清孩子到底存在什么问题。而弄清孩子的问题，首要的是抓本——"本"，问题的实质是什么？毋需讳言，学生学习竞争非常激烈是贺月莲老师带班的一个显著特征，在平时考试中，我孩子没进过班上前10名，只是在高考中考了655分，才进了班上的前10，也进了全省前100名，才能考入中国人民大学。一般来说，贺月莲老师班的老师肯定是很牛的，她的班的学生也是很不赖的，因此，学生的"本"问题容易出现在思想心理层面，而不是行动策略层面；不是学科学习的"面"问题，而是学科学习的"点"问题；不是学科学习基础和能力问题，而是学科学习兴趣、方法或习惯问题。对孩子的问题，我们一定要有科学的判断，只有科学地认识问题，才能有效地解决问题。

视觉二　怎么办

　　每个人都会有自己如何教育孩子的故事，仅是故事的情节与结局不同而已，但不同的情节意味着不同的结局。对于自己孩子的教育，我最深刻的感悟，也是我觉得自己做得最成功的一个故事情节，就是把信任交给二中学校，把信心交给贺月莲老师。我自己是从事教育科研工作的，我深深地知道教育的专业属性，也深深地知道专业性对于工作的意义，教育与学习都是专业问题，不是简单的态度问题。学习时间的简单延长和校外辅导的简单累积，只会加重孩子的学习负担，学习最要注重的是有效性，学习最有效的情节是发生在学校课堂，学习最生动的情节是同学间的合作、交流与讨论。基于对学校、教师的信任和对教育的认识，我小孩没有参加任何的二中外的学习班，我也从来没有到外面找人给小孩补过课，我小孩只参加了二中自己组织的培优学习；如果单纯从课业学习时间上看，我小孩比刻苦的孩子要少很多，每天早上，自己坐公交车去学校上学，每天晚自习后，自己坐公交车回家，一个月至少看一次电影，放假在家主要是睡觉休息和看自己喜欢的书（当然也要完成学校老师布置的作业）。

把自信还给孩子，相信孩子比相信我们自己更重要，因为，路还是要孩子自己去走的。面对孩子的问题，我们要告别传统的简单的说教，我们要做孩子人生的引领者、帮助者和促进者，我们要真正触摸到孩子的心灵即他的实际思考和行为情况，让他或她自己认识学习和生活的意义，让他或她认同我们的所思、所想和所为。

陪伴女儿高考的点滴片段

李怡璇家长　姚美华

时光流逝如水，陪伴女儿高考的点滴片段，有时候忽浮现眼前，细思仍留慨叹与感激。今受邀提此教育经验，觉惭赧不敢当，只略谈一份感想，供诸公笑罢。

教育经验因孩子的秉性而异，我的女儿属于比较乖巧努力的，非常自觉，但缺点是心思纤细敏感，经常一个人默默承受压力，很容易出现心态崩溃的情况，若是这种情况出现在高考中，后果不堪设想，因此，关于这个问题的解决，大概有三个原则。

第一，发挥主观能动性，不能因为孩子说一切都好，就以为一切真的都好，一切动向都要在掌握中。积极了解孩子每次测验的成绩，小的波动或趋势不必在意，也不需因此而质问孩子，但若是出现较大的下滑，或是呈现出缓慢的下滑的趋势，这时就需特别留心，马上与班主任贺老师沟通，如是是单科也可直接与任课老师进行交流。不要担心问孩子学习状况，就一定会给孩子带来心理压力，只要在合适的场合，以随意自然的语气说出就行。这样让孩子知道你在关心她的成绩，潜意识里她便会给自己增加底气，让她知道高考这条艰苦卓绝的路上并非只有她一人风餐露宿，还有整个家庭在她身后，如月如星，明亮温暖。

第二，开启"倾听模式"，足够耐心地安慰。在孩子心态剧变的时候，正是她的负能量积蓄到了极点的时候，这时你不需要火烧火燎，又是来学校找老师谈心谈一整天的，又是无头苍蝇般的不知所措。你只需要随时做一个负能量"垃圾桶"，我便经历过这样的一件事。在高一下学期的期中考试中，我突然接到女儿打来的电话，我连忙接起，只听她首先语气平静地说明天期中考试，我还没来得及说话，她就突然哭起来，非常难过地啜泣着，断断续续地说她觉得压力好大，最近的小测试成绩都不理想，她已经没有信心了，觉得会辜负我们，哽咽着说了很多很多。我期间一直在听，没有打断，说实话我当时真的很着急，很想马上问清楚，但我当时平复了一下心情，以比平时柔和小声很多的声音让她不要急，擦擦眼泪，告诉她我非常相信她，只要尽力了，也就是她已经做到的那样，没有任何人会责怪她，她已经非常优秀了，淡定应考就好。我同样意思的话，换个样子来来回回可能说了十几遍，直到她的情绪稳定下来。她第二天精神饱满地赴考，取得了班级第二的成绩，也算非常不错了。我也会和女儿随时保持联系，到了高三，女儿更是事事都乐意和我分享，晨跑也要在我这里打卡，如此一来，她不再一个人担着一切，心态也顺理成章地越来越稳定。

第三，做"海螺姑娘"，扫除干扰孩子学习的一切烦恼。我的女儿睡眠质量非常差，到了高三压力增大更是如此，六个人一个寝室，会有熬夜开灯学习的，会有打鼾磨牙说梦话的，睡眠不足导致学习精力缺乏，注意力下降很严重，这样过了一段时间后，女儿打了个电话过来，加上成绩的不断下降，我才知道这样一件事，马上到处联系给女儿找到一个双人寝室，成绩果然稳定上升。学校的伙食不太合女儿的口味，我们家两口子每天琢磨着营养美食菜谱，一周送两三次饭，水果、汤、点心甜点、正餐全部配好，女儿心血来潮想吃的也做到，做不到就去买到，但是有一点我们会延迟满足女儿的想法，就是关于外表。女孩子爱美很正常，有时候她看到会有同学不穿校服，换好看的发型，心里也很羡慕，我就会很坚定地告诉她，一考完就带她来个大改造，加上我是开时装店的，女儿也非常相信我，后来真的不再讲究外表，一心学习，整个高三的成绩都呈上升趋势。

讲了这么多，我的分享也接近尾声，再随意说一些零碎的琐事吧。高三的时候我会带女儿去江边散散心，樱花开了也会接女儿去看看，舒缓心情。每当女儿表示对高考的担心时，我所有的话都只有一个中心意思——但行好事，莫问前程。无论考上二本或北大都是我们家最好最宝贝的女儿，会在圣诞节、元宵夜带她出去吃顿好的。渐渐地，她笑容多了，到了高三甚至心态豁达到我觉得惊讶，历史考了49分还在我这笑嘻嘻，还说，错越多越好，反正不是高考，这次错了，高考就不会错。在离高考越来越近的日子，看到女儿一天天变得开朗优秀，我觉得满心幸福，内心繁花似锦。女儿非常喜爱文学，最后也考入了自己一直想去的复旦大学中文系，一切都非常美好，像童话的大结局。但我知道，在高考的磨炼下，自觉自律又不失开朗的她，会在复旦大学开启新的征程！最后，真诚地祝所有的家长和考生的付出都会得到最好的回报！

看着你成长，走向远方

欧思婕家长　唐微曦

你出生的时候，正是云烟氤氲的3月，那是一个美好的春天，充满着希望。你就这样来到了我们面前，人生中最美好的事莫过于生命的传承，在这个世上我们便有了联系，也有了希望。

记得外婆说你出生的时候，雨过初晴，天空中出现了一道彩虹，外婆说，"这是我们家的小雨虹呀"，我以为是雨后的彩虹，"不，是宇宙中的彩虹……"

咿呀学语、蹒跚学步，一转眼你就背上了书包，在妈妈心中你是聪明的，小学的课程你学得很轻松，我们对你也不曾苛刻，没有要求你学这学那，一切都由着你的心性来，我猜，现在的你心中会有些许埋怨，怪我们没有逼你去学，与别人相比时，少了些许特长……但那个时候你是快乐的，就够了。

初中你寄宿了，很惭愧，我在学习上再没管过你了，但我无时无刻不在挂念着你，你的生活，你的情感。初一的开学考试，我记得那一次你摔得很惨，你考了班上45名，年级400多名，这样的成绩无异于给你当头一棒，要知道你可是班上第二，年级前十考进来的啊？这样的成绩让老师困惑，同学目光也异样，你更是焦虑、痛哭。那次，你在我车后排哭了很久很久，你说考成这样很丢脸，我帮你分析了原因，小学的课程很容易，你不用花太多精力就可以轻松搞定，进入初中，一下子加了五六门功课，大家基础都挺好的并且很努力，而你却依然有些贪玩，差距是必然的。找到了问题的所在，慢慢调整，后面你的成绩稳步上升，顺利完成了初中的学业。

高中你选择了二中，有幸进入了创新班，从开始的1413到后面的1401，你遇到了良师益友，你们一起学习，一切成长，校园里到处都有你们的足迹，当然有时也会有失落，我很庆幸你能和我聊天，从学习到生活，连那个可爱的男生你也愿意和我分享，我很骄傲，我能当那个给你安慰，为你疏导思绪的人。三年的时间过得很快，一转眼就到了高考前夕，考前的紧张、焦虑你也是有的，也许你有时候大大咧咧假装不在意，但妈妈明白，你心里挺在意的。我记得在自主招生结果出来的那几天，身边的同学有部分自招都过了，而你却一个都没有过，可想而知，你该有多失落，你一直是个不服输的孩子，这样的结果让你备受打击特别难过，我记得那天我去学校给你送饭，一坐到车上，你不像往常那样叽叽喳喳，与我分享学校生活的琐事或者一些小女生的趣事，而是坐在那里特别的安静，我问你话，你也不怎么回应我，也不怎么搭理我，甚至于你因为饭菜不合口味而对我百般挑剔，这跟以往那个小妞是不一样的，我立马察觉到了，想着就要高考了，不能让你情绪太激动，我一直在引导你，试图让你能心平气和，可我发现效果不明显，你还是那样焦虑、不安，我当时就慌了，不行，这样不行，不能这样，这样的状态不可能让你能好好复习，我不再顺着你说了，我有意识的去和你争执，大声的指责你，你也憋不住了，你大声的宣泄，与我争执，看着你的眼泪大滴大滴流下，我心中有些不忍，可在你大哭一场之后我明显感觉到，你轻松了许多，返回教室的时候，步调都轻快了很多，你明白了，你还有时间，可以努力，而后，你也做到了。

感恩1401这个大班级！感恩所有守护你们的老师！在最后的迎考中，在1401这个温暖的大家庭中，老师同学与你一起并肩作战，我们很心安的待在后方，去守护着你们、祝福你们，高考，这场仗，你们打得很精彩！看着你们一个个成长，一个个走向远方，我们十分骄傲！我们十分自豪！祝愿你们以后越飞越高，越走越远，拥有属于自己的璀璨明天！

"博雅"圆梦

沈家璇家长 沈立新

高考是残酷的，不确定的因素太多了，往往任何一个小的失误，都可能葬送十二年的心血。高考像一座独木桥，桥面窄小，桥下是万丈深渊，桥旁没有护栏扶手。如此高危的游戏，能不能搭个护栏扶手之类以降低风险呢？我以为，高校的自主招生，特别是像北大的"博雅计划"、清华的"领军计划"等就是为综合素质优秀的学生准备的护栏和扶手。女儿家璇的理想就是上北京大学，这次高考发挥有点小失常，差点与北大失之交臂，庆幸有了北大"博雅计划"招生，才能够如愿以偿。

高二暑假，学校推荐孩子参加北京大学优秀中学生暑期夏令营，当时我出差在外地，孩子打电话给我说贺老师要她报名参加北大的暑期夏令营，并且当天就要在网上报名，问我同不同意她去。当时我也不知道参加这种夏令营有什么作用，心想这是一次让小孩走进北大、感受北大氛围的好机会，就对她说要认真填报网上报名资料，一定争取去。到北京后，得知参加了优秀中学生暑期夏令营将有利于北大"博雅计划"招生的资格审查，如果评为优秀营员可直接通过北大"博雅计划"初审，参加"博雅"招生的考试。

8月下旬我陪小孩赴北大参加为期一星期的暑期夏令营活动，这次夏令营有来自全国各地的3000多名优秀中学生参加，活动内容主要为综合素质测试、团队协作活动、院系师生交流、校园游览等。夏令营结束后小孩因为综合素质测试考得不理想，没有被评为优秀营员，但我认为此行收获不小，一来她熟悉了自主招生考试的基本模式，二来她在心里树立了一个目标。当时我问家璇这次北京之行有什么收获，她对我说："北大的学生和参加夏令营的同学在学习能力、综合素质方面就是不一样，我一定要考入北大，和优秀的他们在一起学习。"高三之前，女儿家璇在学习方面不是很刻苦、认真，对此作为家长我们很是苦恼不知怎样引导好。自她树立了"上北大"的目标后，家璇在学习上虽没有班上那些学霸们那样努力，但较之前还是刻苦多了，自律性也增强了。

时光飞逝，转眼高考季即将来临，3月中旬各高校自主招生开始报名，小孩一心向往北大，又有北大招生办组织的优秀中学生暑期夏令营的经历，于是申请参加北京大学的"博雅计划"招生并顺利地通过资格审查。

6月8日高考结束，当晚年级组长单老师、班主任贺老师和我们家长一起陪同孩子们飞赴北京参加北大"博雅计划"招生的考试。由于高考发挥不太理想，一路上孩子情绪比较低落，脸上常有的灿烂笑容不见了，多了沉默和叹气声。记得当时是晚上9点的航班，飞机晚点两个多小时，登机后又由于北京机场航空管制不能降落要乘客下机回航站楼等候，将近凌晨2点才起飞。在飞机上家璇沮丧地对我说："爸爸，我的北大梦怕是要破灭了。"看着她那样子我感觉心都要碎了，但又不能表露出来，故作轻松无所谓的样子对她说："没想到你还信这些唯心的东西，没关系的，好事多磨，你付出了那么多，肯定会得到满意的收获，别不信，它可在那等着你啦"，与她天南海北闲聊，放宽她的心态。在候考的那两天为了缓解小孩的压力、增强她们的信心、激励她们的斗志，贺老师特意把她清华、北大毕业留京的学生召集起来和孩子们交流，提醒孩子们这类考试并不是单纯考学识水平，而是重点关注你们的认知能力、逻辑思维和理解能力等。这一招很管用，孩子们与学长、学姐们交流后心情开朗了，脸上也渐渐有了笑容，在宾馆还时不时听到她和同行同学的玩笑声。

有人说北大"博雅计划"的考试，特别是5个半小时的"博雅"笔试，对刚从高考阵地上下来的孩子们来说是一场毅力的较量、体力的比拼，很欣慰家璇在三天的测试中较为顺利，也没出现大的失误，获得了北京大学加10分录取的优惠，虽然成绩不是很理想，但这宝贵的10分助她实现了自己的理想。

2017年7月26日，这天是我们全家最开心、最值得庆贺的好日子，这天女儿家璇收到了她理想的大学录取通知书。

现在静静回想女儿走过的这十几年的时间，昨天的牙牙学语，好像还历历在目，可是今天站在我面前的已经是个大姑娘了，凭心而论，女儿从小到大一直非常让我们省心，也很少因为女儿而烦恼过什么。从小学一直到高中，在学习方面我们也很少操心，只是从小引导她养成一个良好的学习习惯、尽量提供一个好的学习环境，其他的都交给了老师。衷心感谢老师们的真情付出，特别感谢女儿成长路上三位心灵的领路人，那就是女儿常说的"二妈一爸"：小学阶段班主任——"慈母"刘老师、初中阶段班主任——"严爸"阳老师、高中阶段班主任——"虎妈"贺老师。

守护初心，享受孩子共同成长

刘东哲家长　谭银球

向上、向善的心，必向阳而开。心有阳光，人生一定灿烂！——题记

很多时候，不敢相信，儿子怎么一眨眼就已过18岁了。自己的18岁仿佛还在昨天，他哇哇落地也仿佛就在昨天。时间的流逝，不经你同不同意，就让一个娃娃变成一个少年，又成长为一名青年。

东东是个不让家长劳神的男孩。无论是读幼儿园、小学，还是初中、高中，我都会从侧面夸奖、烘托他的学校、班级老师，特别是班主任老师的"牛"。每位老师都会有他的优势与闪光点，家长用放大镜去看，给孩子很好地引导，他就会"亲其师，信其道"。人无完人，教师也如此。我认为，一个在孩子面前说老师、学校坏话的家长，肯定是最愚蠢的。所以从读书起，儿子貌似就自觉地向上、向善。他的学习情况，和他现在的QQ头像"追风筝的孩子"一样，迎着希望迎着光，做不落的太阳。"不学礼、无以立"，与其说，我把儿子教得知贤、懂礼，不如说，是儿子在成长的环境中，接纳了一切真、善、美的事物，自动屏蔽了所有影响他学习、成长的声音和现象。

学校在小学一年级时就开设了英语学科。他第一次用复读机听磁带录音，求助我帮他倒磁带。我装模作样倒腾了一阵，却老是把磁带要么倒退多了，要么快进多了。他小手一挥，自己来。我则对他的表现故意表示惊诧。于是，没过两三天，就把磁带倒得顺溜，每次都能准点切到要读的课文那儿。大概从那时候起，他就习惯了在妈妈面前表现出一个优秀男儿的样子，他喜欢看我叹服他的眼神。他眼中的妈妈动手能力是没他强的。所以很小起，他就会牵我的手过马路，两个眼睛飞梭，稳稳地牵着妈妈，怕我被车

撞。也"教育"我再怎么赶时间，绝不许闯红灯。诸如，走在马路上不允许丢任何垃圾；在旅游景点或购物买单，不允许我和同行的大人有任何插队行为……这么正统的习惯教育，一定都是幼儿园和小学六年学到的。

直到初中，作业量增多，机械的抄写作业和题海试卷也多起来。我特反感他的是，不做完作业绝不睡觉。以致我第一次因为学习的事打了他。就是因为那一天晚上已过12点，他无视我的反复催促睡觉却还是在赶作业。我恼羞成怒，给了他屁股一巴掌，还把书本摔到了地上。可他一滴眼泪也没有，捡拾起书本又照做……这个事情曾让我每每一回忆就无限懊悔，结果他说，他一点都想不起来了。

许是对儿子发自内心的信任罢？高中三年，和他说得最多的话是：把饭吃好，早点睡觉！他和我说得最多的话是：妈妈早点睡。在他眼里，这个妈妈才仿佛是个长不大的孩子，反倒要他担心和牵挂。看到他每次在周末难得的回家时，一落座就是把书包丢一边，开始弹奏他喜爱的钢琴曲时，我也很喜悦他的这份淡定、从容。高三时，他还能做到这样，我还真挺佩服他的。其实我知道，他不可能不紧张。因为他是那么一个好强的孩子，他也不服输。我猜想，他一定是在用他自己的方式尝试着自我解压。我也就甘愿犯傻，装作没读懂他的心。每个人的成长世界，成长是自己的事，成长当中遇到的"结"也只有自己才是最好的解"结"人。作为他的家长，默默地相信他就好。

当别的不少家长都在急着送饭菜给孩子吃时，我也曾认真地说：妈妈也做饭菜送给你吃吧！被他笑着回绝，说我工作太累不要太麻烦了。直到高考临近的那一个月，许是他听了班主任的话，说家长要给孩子补充营养，他才答应我们每周送饭菜两次。感谢儿子的外婆，又代劳了我这个妈妈要做的活。直到儿子考试的这几天，他也不要我去看望他。在高三的忙碌学习之余，他反倒电话里叮嘱我和他爸爸：周末一定要去看望奶奶！

高中阶段，特别是高三期间，很多家长把自己的弦调到了紧绷的状态。全家人空气中都会有"家有高考娃"的因子。高考是很重要，但我认为不是靠气氛营造的。只有让孩子潜意识里认识到高中的学习是关键的一步，决定着自己以后的人生走向，才是明智的。我这个做妈的居然在孩子进入高二忙碌期时，选择了兼职微商。儿子最初不支持是理所当然的，但我鲜明地表达自己的观点，笑着对儿子说：每个人的路，是别人代替走不了的。兼职微商可以让我突破自己，去做以前不敢想、更不敢做的事情。在这个挑战的过程中，我学习了许多以前学不到的知识，提升了各种能力，内心更加强大，我也更自信了、更富有了，这是属于我的成长。妈妈愿意更勤奋，更踏实，更勇敢！与你一起挑战美好的未来！儿子笑了，他理解了我的选择，也愿意用更努力的自己来赢得更美好的明天！我日记本上的座右铭"知者不惑，仁者不忧，勇者不惧"也被儿子爱上了。

感谢上天赐予我这么暖心的小伙子。所以他即使有学习可能松懈的时候，我都忽略了。毕竟，一个从小就养成了好的学习习惯的人，是无需家长太多去操心的。感谢儿子的小学、初中、高中，这12年都是在他非常敬仰的班主任的教育下成长。特别是高三期间，优秀的班主任贺老师，用心陪伴、用情鼓舞、找孩子一对一谈心，激发孩子内心的原动力，组织开展各种集体活动……所以，他的成长期很温暖，给到我这位妈妈的全是踏实、欣慰、感恩。一定是阳光、友爱的班集体，给了他非常棒的成长氛围，他对班级的爱，和从小起就对班级事务的主动担当，也培养了他男子汉的责任心。

今天，他在北京社会科学院大学就读。北京大学曾是他的梦想。当高考分数揭晓时，他确实也发呆了20多分钟。我没有去安慰他，安慰他就等于说他是失败了。这份失落，需要他自己去体味、消化。果然，20多分钟后，他走出房门，开始正常吃饭。哈哈，这孩子，心态调适能力比我想象中还要好。成长路上，有遗憾，也挺好，正好能促进他在大学期间仍有追求，仍有挑战。

上大学已一个学期了。儿子阳光依旧，仍不会忘记来电叮嘱我和他爸：周末抽时间去看望他奶奶和外公外婆，晚上早点睡。他也会在教室、寝室和我视频，让我看到他的学习、生活环境。他眼中的妈妈，没有读过大学，但是他知道他的妈妈一直有个求学梦想……

这样的男孩，我想，学习和工作、生活，我这做妈的也没啥好操心的。学习的原动力很重要，家长不能光做保姆。陪伴着孩子不断挑战"新我"中，家长也会成为孩子的一面旗帜。和他一起成长，就是最好的。他已真正理解，每个人的人生，要活成什么样，只与自己有关，任何别的人，都依靠不了，也决定不了。守护初心罢，一直保持向上、向善的状态，那么学习永无止境，成长亦如此。与其说，我把儿子教得独立、自主，不如说，是儿子的成长也让我这做妈的必须不断进取、提升！

说到这，想起来了，小学时，曾经坚持过给他做表格式："东东的时间，东东做主""挑战自我，做最好的自己"系列自评活动。咦？是不是有一点点原因？或许，习惯的力量是惊人的。又或许，初心比黄金都珍贵。

成长的背后

谭余荫妈妈　龙红艳

高中三年时光转瞬已过，作为孩子家长，回顾三年历程，我总结了一些做法可能对孩子的学习、生活、成长有过帮助。

一、充分了解和信任孩子

记得2014年去株洲市二中报到的那一天，在校园里看分班情况，我们一家三口在人山人海中终于找到了谭余荫被分到了贺老师带领的创新班。当时孩子压力特别大，"蒙"了好一会，苦着脸对我说："妈妈，我估计在这个创新班上是来垫底的"，我和她爸爸一起笑了起来安慰她说："没事，在创新班即使垫底也会是优秀的"，说实在的，孩子的学习情况我们非常清楚，初中阶段在景炎虽然也考过班上第一名，但是年级排名也是四十几名，而且成绩并不稳定，最差的时候排到180多名，这次能分到创新班确实有压力。

"勤奋、认真、当日事当日毕"这些都是孩子从小培养的良好学习习惯和学习态度。顶着压力来到1413班，因为知道和学霸们有差距，自己非常刻苦，上课40分钟认真听老师讲课，有不懂的地方下课了追着老师去弄懂弄透，基本上能够跟着老师的步伐和节奏。但是，最伤脑筋的化学使她有了放弃的念头。高一第一期的那个国庆节，学校放了5天假，对其他同学来说是放假，而谭余荫却说要好好利用这5天的假期，来温习最伤脑筋的化学课。那时，孩子心里对化学实在是一头雾水。正好我和她爸也放假，我在株洲陪着女儿哪里也没有去。谭余荫学习有恒心，天天窝在家里不出门，晚上也熬到半夜三更，困了就泡杯咖啡来提神，看到此景，一方面感到很欣慰，另一方面我也很心痛，刚满14岁的小孩，好多孩子爱玩的网游、购物、看网络小说等，而余荫因为担心玩电子产品影响学习，主动提出来去买个老人手机，只是用来和我们打电话。功夫不负苦心人，进入高中第一次期中考试，就获得了全班第9名，年级21名的好成绩。也许就是因为这次的收获，让她对学习重新燃起了信心。苦了、累了，就到操场上跑上几圈、出出汗，反而头脑更清醒。

二、多与孩子沟通

人生谁也没有一帆风顺的时候，成绩上下波动很正常，可能是神经长期紧绷，有时会产生焦虑，这时候小孩的心理需要有人了解、安抚、告诫、提醒。因为我们每周只见一次面，所以我们会更加珍惜这次机会，和孩子聊天，听一听孩子在学校的事情，生活上的、学习上的、和同学有关的、和老师有关的，这些看起来随意的交谈，可以让我们更多地了解孩子的心理状态，也可以了解孩子在学校的学习情况和生活情况。如果发现有不对劲的问题就及时疏通排解。适时她爸还会和她讲讲国内外政治时事和新闻人物，调侃一下，缓和心情。

三、充分尊重孩子的选择

记得高二要选择文科还是理科的时候，我和她爸、余荫三个人曾经有过争执，余荫自己要选文科，经过多次的交流和分析后，我和她爸还是充分尊重孩子的意见，由她选择文科学习，继续由特级教师贺老师带着，我们放心。高二、高三，孩子的状态越来越好，成绩也是稳步前进，甚至稳定到了年级前三。转眼，高考……高考前一周的一个晚上，已是近凌晨了，孩子打来电话，很焦虑地说："妈妈，我这次模拟考试考了第一名。"我说："很好啊，不错，宝贝。"她说："妈妈，你不知道，我很担心，因为我发现我的规律是一次好一次不好，我这次考得这么好，与第二名相差20多分，我担心高考会不好……"这个时候了，我也不知道用什么话来安慰孩子的心，当时我的心也是五味杂陈。紧张的高考三天过去了，余荫感觉考砸了，而后是漫长的等待。6月24日，午餐的时间，高考成绩出来了，646分，这个分数对于孩子来说是不理想。面对孩子的成绩，我心里也不是滋味，但是我并没有责备孩子，我抱着她，一再鼓励她以后的路还很长。毕竟，寒窗苦读十二载，孩子已经尽了力。

"雄关漫道真如铁，而今迈步从头越。"对于孩子来说，进入大学学习只是人生的又一个起点，今后的人生道路只能靠自己不断努力，继续做一个优秀的"二中人"。

四、充分信任老师

1401班的孩子们是如此优秀，是因为那优秀的班主任所带出来的优秀团队。贺老师是特级教师，是54个孩子的妈妈，她不仅关心每个孩子的学习，更在意培养孩子们的品德与品行，让每一个孩子知道不但要学习好还要为人好，这样的人才会走得远飞得高。同时在高三紧张的学习环境下，贺老师为了让孩子放松心情，在阳春三月，带领孩子们去石峰公园春游，高考前夕，更是组织家长与孩子们一起解压——"百人宴"，让孩子们与家长一起体验温暖的亲情、师生情、同学情。

孩子成长的背后，虽然有我和她爸手拉手哺育之情，更有老师含辛茹苦、呕心沥血之恩。老师是一把火种，点燃了学子的心灵之火，老师是泰山上的石级，承受着学生一步步踏实地向上攀登的脚步。

给孩子需要的，就是最好的礼物

汤颖倩家长　谢群华

　　1401班在2017年高考中取得令人瞩目的成绩，这是与全体老师辛勤付出、孩子们的勤奋努力及所有家长们默默地陪伴分不开的。作为这个大家庭中普普通通的一员，在这三年中并未作出过什么大贡献。当孩子以出人意料的高考成绩被南京大学录取后，对于别人的恭喜及祝贺，我觉得受之有愧。因为在孩子的求学道路上，我的付出也仅仅是止于孩子每个阶段的需求。

　　我家小孩刚进入二中时，对于文、理科而言，她较喜欢理科。孩子一开始进入的是平行班，但她有一位创新班的室友。从与这个同学的交流中，我家孩子感到不管在师资力量还是学习氛围上，两班都有一定的差距，因此一直在暗暗敦促自己好好学习。但其实我们对她的成绩没有什么要求，考得好时，建议她总结一下经验，考不好时希望她找找原因。我们最担心孩子厌学。从小到大，我们只对孩子灌输快乐学习的理念，时常跟孩子说你尽力就好。一旦发现她对学习感到烦躁时，就带她去放松或鼓励她做自己喜欢的事。比如孩子去了一两次集训班，自己感觉效果不好，就不去了。我也没强求，安安心心陪她过起了双休日，让她随心地享受课外书、电脑、漫画等自己感兴趣的事物。高一时她成绩在班级名列前茅，但在分科时，一次家长会让我感到很担心——老师说有一位同学成绩很不错，但当她找这位同学谈论分科问题时，孩子哭了。凭着对自己孩子的了解，我认定是我的孩子。老师当然是希望她继续留在自己班上（理科班），但依照孩子的综合成绩，如果选择文科的话可以进创新班。虽然作为家长的我觉得学理科，孩子将会面临很大的压力，而她的心理承受能力尚待加强。但是孩子又比较喜欢理科，所以我只能提出建议，将文、理两种选择的优缺点与孩子详细讨论了一下。并强调，我不干涉她的选择，因为我知道，如果我强行要她选择文科的话，她肯定会产生抵触心理。我建议孩子与信任的老师、家人、同学们多沟通。最终，孩子自愿选择了文科，有幸地成为了1401班的一员。

进入人才济济的1401班，小孩的成绩一直在中游的水平徘徊，而且成绩起伏较大，心里难免有时会有一些不舒服。这时我会对孩子说：高考的时候你不是跟班上的同学比，而是与全市、全省的高考学子比，因此你应该设定一个自己能达到的成绩并为之努力，而不是如此在乎每次学校的考试排名。还好，孩子仿佛"适应"了这种"刺激"，心态一直还挺不错的。而且在紧张的高三学习中，在每周有限的放假时段里，孩子一直都没有放弃自己的兴趣，每周定期关注各种新闻、杂志、番剧。对此我是无条件支持的，因为我想，这不仅是了解外面事件的一个窗口，更是孩子宣泄情感的一种方式。

我感觉与孩子的关系更像一对朋友。高中三年，我特别感谢孩子对我的"折磨"。比如为了完成她布置的"作业"，我会试着去了解这个年纪不会主动去关注的其他领域，去特别关注她所提及的新闻、事件，而后与她一起讨论，各抒己见。还有在每周相聚时，我会尽可能将最近身边或了解的新鲜事、有趣的事说给她听。这样一来，在轻松的闲聊中，学习上孩子有什么事也喜欢顺便与我说说，不知不觉中就调整好了自己的心态。

在高考的最后冲刺阶段，她自己会向我分析如何调整心态，或者改善环境。这时我会顺着她的想法提出一些可行的建议，或她想法中不足的地方。其实她也不会真的要求什么，只是需要给调整自己的状态找一个引子，而且一般过一阵子就不会太在意这些事了。有时看到家长们送来精美的食物时，她对我也会有小小的期待。只要她主动提起，厨艺不佳的我会立刻按她的要求做到。每次短暂的吃饭时间，看到她那满足的神态、见缝插针地刷一下网页的兴奋、滔滔地谈论对事物的看法，我在欣慰的同时，也了解到了她最近的状态。

曾经也抽空听过一些有关高考的讲座，说有许多孩子的压力过大引起情绪失常，家长的言行谨慎过度，严重者连正常生活都笼罩着"家有考生"的高压。但从个人经历来看，对于高考，孩子们是很坚强、很懂得变通的，有时反而是因为家长过分紧张，对孩子们产生了负面影响。记得在高考的前三天，我问过她是否需要送餐或过来陪陪她。没想到孩子轻描淡写地说：你上你的班，我考我的试，每个人做好自己的事就好。耶！这好像就是我平时常对她说的话呢——每个人应该做好自己的事。也是在这一刻，我感觉孩子的状态不错。在高考的两天中，我与她通电话时秉持着不主动提考试的事的理念；而且，家长群里的即时报道，让我愈发觉得担心是真的没什么必要。

于是，我们就这样轻快平静地度过了高考。

文科状元，只是新的起点

王浩宇家长　　王成模

　　王浩宇能在今年高考中取得676分的高分，我们要感谢1401的班主任贺月莲老师及她的教学团队，也要感谢从小教育、培养他的小学老师、初中老师。

　　王浩宇从小就学习认真，爱阅读，有良好的学习、生活习惯。学习上从不打折扣，有时作业做到很晚，还要预习第二天的功课，我们怕影响他的睡眠，催他早点睡，把预习省了，可他坚决不干，讲：老师说了，就必须做到。正是他坚决执行老师的教学方法，而老师又是非常优秀的老师，所以成就他高考取得了文科状元的好成绩。当然文科状元并不是终点，而是新的起点，希望他在新的征途上，越走越好。

　　高中三年，他有时月考、周考成绩会出现很大的波动，但在比较重要的考试中都能表现优秀。如：多校联考等都能取得较好成绩。去年（高二时）参加2016年的模拟高考也考了618分，是高二年级的第一名。我们这样对他说，还有一年时间，你只要多考50分就可以上北京大学。他还批评我们只看分数，应该分清考试与学习的关系，学习为考试打下基础，考试只是检查学习知识掌握的程度，但两者又有区别，因为学习的目的不是考试，而是提高自身素养，学到知识，考试对学习的评价也难全面。所以，争取在通过学习来切实提高自身素养的同时，利用备考和考试技巧，在考试中有良好发挥，是我们的理想效果。

　　在学习方法上，我们也与他讨论多次。他说：在学习上我个人强调一个"思"字，学习本质是一个思维过程，有时候知识、题目过一遍，脑子再过一遍，笔头效果更好，效率更高。所以在学习中，上课专心听老师讲课是最关键的一环。在老师授课的过程中，要高度紧张、兴奋，积极契合老师的教学思路，自己在脑海中构建简单的知识结构图，对于难点敢于攻坚克难，对于重点善于融会贯通，辅助以适当的速记、理清思路，一堂课下来思维量不亚于一场"小考"。另外就是完成作业，复习上堂课，预习下堂课的内容，这样刚好完成了学习的四个环节"预习、听课、复习、作业"，效果当然就可想而知了。

人们常说"兴趣是最好的老师"，我认为尊重孩子的选择很重要。在高二文理分科的时候，我们其实很想让他学习理科，当时他的理科成绩并不差，可他自己根据自身的兴趣爱好，感觉文科更适合自己。支持他的选择，又恰好是贺老师带领的班级，我想这是促成他成功的关键。1401班，今年考上北大、复旦、人大等名校的学生都有，老师有什么绝技我们不甚清楚，但老师的用心我们却深有感悟。贺老师每天辛苦地陪伴孩子们，一份真心、诚心让作为家长的我们感到自愧不如，又充满感动，她爱每一个学生的心都似乎超越了家长，正所谓严师出高徒。

最后我想说：只要学生个人勤奋，并有一套适合自己的学习方法，有好的老师教导、指导，家长的支持，就能取得好的成绩。

目 送

杨沁龙家长 许 娣

　　亲爱的儿子，你去南京大学读书后，一直想给你写封信，想想小学、初中、高中，时间一晃而过，最高兴的是在你成长的路上，我和你爸爸从来没有缺席过，一直陪伴你成长。

　　小学和初中的点点滴滴就不一一赘述了，只想回忆你高中三年的生活。你刚进高一时，班主任贺月莲老师召开了第一次家长会。贺老师在家长会上反复强调：不要给孩子配智能手机。我当时听了，没有太往心里去，因为你就有一个智能手机，我总觉得你能很好地控制自己。直到高一的元旦，你放假在家，在自己的书房里学习，我无意中走进了你的书房，看见了你慌乱的举动，看见你在玩智能手机（在玩游戏），我把你喊到客厅，进行了一次谈话："你看看自己的这几次考试，年级排名到了３０多，虽然你的这个名次是别人想努力达到的目标，可这不是你的目标。"我把你的智能手机没收了，你没有抗拒，反而说："妈妈，你把我的手机没收了，我觉得自己解脱了！"

　　你的物理，从初中开始就学得比较吃力，到了高中更是如此。记得你跟我说过，有次考物理时，你在物理试卷上写古诗词，你还说："幸亏物理老师没有骂我。"所以到了高二，你毫不犹豫地选择了文科，而且还在交给贺老师的表上（为什么选择文科的表格），满怀激情地写下了选择文科的理由。

　　高二了，你选择了自己感兴趣的学科。教语文的洪涛老师推荐你们多买一些课外书看，提高语文素养，而且文科科目是需要开拓思维的，贺老师曾在家长会上说过："思维打不开，文科学不好。"所以，买书我们毫不吝啬，你也爱读书。

高二时，你参加了株洲二中团委举办的株洲市第一届模拟联合国大赛选拔比赛，你入围了，可是你不想去，我们也随你的意，因为在你成长的路上，我和你爸爸对你基本上是顺其自然。贺老师知道你不参加此次比赛，找你谈话："作为文科生要多参加社会实践活动，参加自主招生时是要有这方面的资料的。"你听取了贺老师的意见，参加了株洲市第一届模拟联合国大赛。随后，你又在贺老师的推荐下，参加了2015年度中日青少年访日代表团。

虽然说，你学文科学起来饶有兴趣，可是你也会经常对我说："数学，我有点虚。"每次数学考试考得不好时，数学老师彭小飞老师都会给你开点小灶，每天早上去数学老师办公室，找彭小飞老师面批数学作业。在二中的学习，你是快乐的，你要感恩在你求学的路上，遇到的每一位老师！

转眼就到了高三，你心仪的大学是南京大学，你又担心自己高考光凭裸分迈不进名校的大门，怎么办呢？自主招生，这是通往名校大门的途径之一，可咱们怎么叩开自主招生这扇大门呢？好在你在高二时，在语文老师洪涛老师的推荐下，以文学特长生的资格参加了第十一届全国中小学生创新作文大赛全国总决赛，并拿到了全国二等奖。在报名自主招生时，除了自我陈述这一部分，其余的都是我在弄，此时你在学校参加的一些社会实践活动就派上用场了，这些社会实践活动可以让申报资料更加殷实，至少在这块，你不是空白的。弄这个自主招生的过程，妈妈也学到了许多电脑方面的知识，谢谢你，儿子，一起成长，一起学习，蛮好！

离高考越来越近了，你紧张你期待，贺老师带你们去石峰公园烧烤，贺老师和你们一起参加了株洲二中举办的2017届高考生"凝心聚力，温暖前行"为主题的心理拓展活动，最难忘的是贺老师提议的百人宴。在高考前夕，你给自己制作了一个带锁的木盒，把高考后要做的事情写在一张纸上，然后放进木盒，锁好，等高考完再开锁。就这样，在紧张与期待中，高考来了。高考完后，我和你又赶到南京参加南京大学的自主招生。

你通过自主招生迈进了南京大学的大门，经常会有人问我：你儿子怎么这么优秀，传授点经验哦！其实真没经验可传，就是陪伴和倾听，做孩子忠实的听众。儿子，你每次周末回家都会滔滔不绝，从学校趣事到文史哲，虽然有些我听不太懂，我的目光只会追寻着你，那时我对你是钦慕的。大学生活是多姿多彩的，你成年了，自己把握好自己人生的舵，只想送你一句话：你若安好便是晴天！

让心愉悦 释放无限潜能

杨昕滟家长　杨　波

7月16日，一大早，娃还在睡梦中，我已睡不着了，打开手机，盯着湖南省高校招生录取平台，怎么还是"院校在录"？今儿周六，看来又是漫长的一天了。忽而，手机响了——"您好，您的快递到了！"没买啥啊，问了问是啥，"录取通知书，中央美术学院"。瞬间，点燃的香烟掉到地上。瞬间，释然了，解脱了，愉悦了，开心了，看着沉睡中的娃，仿佛看到了娃梦想中的明天……

两年前，娃高一下半学期，那天傍晚，去给上自习的娃送点吃的，顺便在二中红墙绿柳掩映着的校园里陪娃一起感受浓郁的学习氛围。娃忽然问我："爸，如果以后考上的大学，是自己今后所喜欢从事的专业，那是一件多么幸福的事情啊！"我说："当然啊，这样，你就会有兴趣向着你喜欢的目标去努力，今后从事的工作也会是一件幸福的事情。""爸，我想学美术，当艺术生！"我当时就愣住了。"为什么？""我想考个好点的大学，我爱画画，我想以后从事的职业与绘画有关，这样，我的人生就会充满快乐！……"

从小，娃就学画，初中后利用假期在一些培训机构学习，也画得不错，可我知道，作为家长，我们一直以来是把绘画作为一项业余爱好来培养她的，没想把她真正往艺术的道路上去引。说实话，娃进入创新班后，文化学习也还不错，考个一本应该问题不大，女孩子嘛，当爸的也没希望她能扬名立万，成就多大事业，以后读个经济类院校，成年后嫁个好人家，过点小日子就成。没成想，娃在16岁那年，已经有了主意……

打小，娃都是一个有主意的孩子，选择初中、高中，都是孩子自己打定的主意。这次的选择，关系到孩子成长的道路是否开心快乐，关系到孩子今后的生活，关系到孩子的命运，作为家长，知道艺术生的道路其实并不平坦，其中付出绝不亚于文化生，选择艺术生，意味着将放弃大量的文化学习的时间，将面临赌博般的志愿选择，咋办？是依了孩子，还是……

作为成年人，我们家长在人世间经历了很多酸甜苦辣，也许能体会到关于人生关于幸福的一些东西。幸福，在某种意义上讲，也许就是能够按照自己的意愿去生活，去工作，学自己喜欢的知识，做自己想做的事情。我们能明白了这些道理，为什么孩子就不能放飞自我，按自己的想法去学习和生活呢？两周后，我们和娃一起做出了决定！

娃真的很努力，因为她知道路是她所选择的，每当看到她心满意足地拿着画板走出画室，回家后又不知疲倦地徜徉在知识的海洋里，我们真的既欣慰，又心疼，我们知道孩子心中有一个念想，有一个梦想，我们能做的，就是温情地陪伴。

高三的九个月，娃在北京的画室里，经历了也许是人生中最艰苦的那一段时光，娃每天蓬头垢面，没有时间梳洗打扮，浑身粘满颜料，指甲里全是碳粉，身在北京，却不知外边的气候、温度，晚上画到2点，和衣而睡，真的心疼……娃指着画室墙上的横幅："梦想总是要有的，万一实现了呢！"我知道，此时的娃，正在释放她无限的潜能，承载着从未有过的压力，因为她知道，她选择的，是她心中的梦想……

人生的路途中，每个人都会面临着无数的选择，有些选择，可能无所谓对错，跟着自己的心走，便会使自己愉悦，愉悦的心将具备强大的动能，释放无限的能量。在这一点上，娃做到了，我们也做到了！

妈妈和你一起成长

尹祎达家长　谭伟平

我是株洲二中1401班尹祎达的妈妈，作为这个优秀班集体家长的一员，我非常荣幸有此机会分享孩子成长路上的一些感悟和心得体会，也非常感谢班主任贺老师给予我这次机会。

我们每一个人都是从孩子过来的，当我还是孩子的时候，我的妈妈也常常责骂我们：你怎么这么不听话，你怎么这么不自觉，你学习怎么这么差……当时，我也觉得妈妈成天的唠叨真的很难以忍受，有时候听得烦了，甚至叛逆地想离开那个家。如今自己当妈妈了，我互换了角色，成了那个"唠叨的妈妈"，但也终于体会到了作为父母望子成龙、望女成凤的那份心，也终于领悟到了，原来当好一个家长是那么的艰难。今天要我来谈育儿经，我对这个话题不以为然。母亲这个角色对于我来说也是第一次，其实更应把教育的过程理解为和孩子一起成长的过程。我们怎么做才能和孩子更好地共同成长呢？下面我总结了几条，是我平时教育我女儿的一些心得，希望今后能和更多的家长交流，找出更好的育儿方法！

（一）首先是营造良好的家庭环境，让孩子学会爱

家庭的和睦对于一个孩子的成长是至关重要的，家人之间的相亲相爱会让孩子学会宽容，学会理解，学会爱，爱别人和爱自我。如果缺少家庭的关爱，会让孩子变得越来越冷漠，越来越自私。看到过许多的案例，孩子的堕落、麻木等问题，都是因为家庭缺少爱。试想一下，一个孩子连自己的父母和家人都不爱，他还会去关心体贴陌生人吗？在这个时代，我们这一代人已经和父辈那一代生育观念有天壤之别，大部分家庭都是独生子女，作为父

母的我们，总是迫不及待地想要给予孩子所有的爱，但殊不知，爱是一种能力。正如毕淑敏在《爱的回音壁》中所言："孩子降生人间，原应一手承接爱的乳汁，一手播洒爱的甘霖，爱是一本收支平衡的账簿。可惜从一开始，成人就间不容发地倾注了所有爱的储备，劈头盖脑砸下，把孩子的一只手塞得太满。全是收入，没有支出，爱沉淀着，淤积着，从神奇化为腐朽，反让孩子成了无法感知爱意的精神残疾。"

（二）父母要以身作则

父母是孩子最好的老师。现在有许多家长不重视孩子从小的言行教育，反倒是寄希望于把孩子扔进学校，认为他们自然就会养成良好习惯，成为一个出色的人。这种在许多家长看来天然成立的事却是教育的一大误区！孩子从很小的时候就有了自我意识和模仿能力，这些直接影响了以后在学校的学习能力。在家庭教育中，父母就是孩子的榜样，父母的一言一行会在不经意间给孩子巨大的影响，所以父母在要求孩子懂礼貌、尊重他人的时候，需要想想自己是不是做到了礼貌和尊重。打个比方，如果家庭中父母常常出现矛盾和纠纷，且常常是以暴力和言语冲突表现出来，那么没有辨别力的孩子就会习以为常，认为愤怒、暴力、冲突是被允许的，因为他们的父母也会这么做。而这样的观念一旦固化在孩子的头脑中，对他们来说岂不是一种毁灭？

（三）教孩子学会做人

日本一位著名的思想家就说："教育就是授人独立，自尊之道，并开拓、躬行实践之法。"说明做事得先做人，这其实也是培养情商。人的格局和气度是一种气质，这种魅力要胜过任何权力和金钱。所以首先要注重的是对孩子人格的培养，做人要大气，不要斤斤计较，对人要有爱心，严于律己，宽以待人，做个高情商的人。我常常会教育我家孩子培养正确的得失观，不要去和别人争抢一些细微的事情，为了小事和别人撕破脸，即便你赢了这场争论，但你失掉了你的格局。在学习上同样如此。我告诉我的孩子，因为一次考试的失利就一蹶不振，否定自己，这是没有长远目光的弱者的表现，无法取得更大的成就。目光要放长远，对自己取得的成绩不要骄傲，碰到困难也不要气馁，树立乐观向上的人格。有些家长一看到孩子的成绩有下滑，哪怕是一点点，也要责骂孩子，甚至不考虑成绩的浮动都是正常现象。其实如果孩子在考试中表现不好，他自然会有所反省，只要浮动幅度不是太大，在正常范围内，我们作为父母有什么理由再添加一些不必要的压力呢？我的孩子在高考前的最后三次模拟考试里一次比一次差，我看得出她的着急和焦虑，所以我反其道而行之，带她去放松一下心情，鼓励她，给她信心。其实实力是平日积累的，剩下的都是心理因素，我们能为孩子做的，不也正是强化孩子的心理素质吗？

（四）培养孩子独立思考的能力

我家孩子从小就很有主见，作为父母的我们非常尊重她的想法，并鼓励她去实现。事实证明，这样的做法带来了不错的效果。小时候孩子想学钢琴，我们就鼓励她学并且要求她坚持，周末时孩子会想去看场电影，去吃一顿大餐，我们也会陪她一起去。有时候一家人在餐桌上会聊一个社会问题，一聊就是好几个小时，并不是只有学习才是王道，这样培养孩子独立思考的能力，有时会比让她与世隔绝地"学习"更有效。此外，培养孩子树立正确的价值观，有自己的精神世界，他们自己就会形成一股内驱力。这种内驱力不同于外在压力，不是靠奖励、诱惑来支撑，而是自己形成的一股动力。我从不以物质奖励引诱我的孩子去做一件事，她必须自己明白，什么该做，什么不该做，因此，即便在我和女儿的相处之道里没有那么多的奖励和惩罚，她依然能自行其道的做好自己的事，我想这也是内驱力带来的效应。

（五）培养孩子阅读的习惯

高尔基曾经说过"读书是人类进步的阶梯"。读书的好处，应该是众人皆知的。孩子对读书的兴趣，很大程度上是受家长的影响，所以现在有很多家长为了培养孩子的阅读习惯，自己也开始阅读，这真的是一种很好的家庭氛围。大家可以在周末，聊聊彼此看过的书，做一个分享，开拓了视野，也提升了家庭成员之间的感情。

（六）从小事做起，培养良好的习惯

有人说："优秀是一种习惯。"因为如果学习习惯好了，学起来就比较

轻松，并且学习效果好。小时候我就要求孩子做完作业再去玩，做作业的时候认真做，玩的时候也要痛快地玩。提高行动力，拒绝拖延，有个好的生活习惯将会终生受益。因而我从小锻炼孩子学做一些力所能及的事情，同时注意培养其待人接物等习惯。

（七）从小培养孩子要学会感恩

感恩是一种美德，一种情感，一种生活态度和生活方式，它来自于对生活的爱与希望。让孩子学会感恩，就是让他们懂得尊重别人，对别人的给予心存感激。因此，父母应该让孩子从知恩、懂恩开始，学会感恩、报恩。常常会对孩子说：没有什么是别人应该为你做的，你所获得的一切都要对此心存感激。领悟到这一点后，孩子也变得有礼貌，常常说："谢谢！"即便是对再亲密的人，谢谢、对不起这类的礼貌用语还是不能忽略。

父母最大的愿望是希望孩子平平安安、健健康康、快快乐乐。我家女儿初长成，已经是个小大人，我相信她有足够的能力和勇气去面对这个纷繁复杂的世界给她的风浪，也相信我的孩子会拥有一个精彩的人生。以上是我的一些心得，希望能和各位家长有更多交流。三尺讲台，三寸舌，三寸笔，三千桃李；十年树木，十载风，十载雨，十万栋梁。在此要非常感谢女儿的两位高中班主任：贺月莲老师和李勇老师。两位老师在教学工作和学生生活上都付出了非常多的心血，对我家女儿有非常大的影响，如果没有两位恩师，她一定不会取得今天的成绩。祝恩师工作顺利，家庭幸福！

"笨"妈妈养出聪明孩子
——记妈妈难得聪明的"那几回"

袁昕吟家长　周芳妮

　　刚刚收到女儿分享给我的链接，照片上，是她和湖师大的同学们在冬天的阳光下爽朗地笑着，抛撒开来的银杏叶金黄金黄的，我的心暖烘烘的。孩子高中毕业考上大学已经过去几个月了。因为1401，这个优秀的班级，我和孩子结识了优秀的老师、优秀的家长和优秀的学生。与优秀同行，获益良多。作为母亲，高中三年孩子一直在学校寄宿，所做甚少，她学业上的成长确确实实是学校老师教育和她自身努力的结果。回忆自己的育儿经验，值得分享的每阶段也就那么几招吧，也一一记下，尽数奉上。

一、学习是自己的事情

　　昕吟还才上幼儿园，甚至更小，我们常常念的一句"经文"，那就是：学习是自己的事情。不管她那时懂不懂"学习"是什么意思，就已经接受了这句话，这个观点。

　　我认为：学习是一种本能，是很自然的事情。它是每一个生命个体穷其一身都需要进行的事情。无论是学习间的快乐，还是学习上的辛苦，都需要自己去感受、体会和承担。学习，真的是自己的事情。

　　这一点，在面临学校老师要求家长检查学生家庭作业的时候，我们母女有过一次正式的碰撞与思考。昕吟小学四年级转学来株洲那一个学期，我每天都检查作业，交流感受，写同一篇作文题并交换阅读。但当她适应了新的环境，我就属于"闭着眼睛"签字的。每天的作业她自己独立完成，再自己对好答案，打上红勾，我只在她指定的位置签上大名。她也曾说：是老师要求家长要做的呀！后来想想，做错了要负责的人还是她自己。就自己做，自己纠错，一直到高中的错题本，美得像一汪清泉。

二、积极暗示与"缓兵之计"

记得昕吟上小学的时候，因为是转学生，一下子面对"日积月累"的拓展题，她有些跟不上。面对孩子学奥数危机，用过一招"缓兵之计"。

我告诉她，老师对她的严格严厉，是因为她值得培养。她的身上，遗传了来自外婆的数学天赋，只是有待激发。只要她坚持着，努力学着去……等到她能遇见一个像外婆一样，可以把高等数学讲得那个年代没有任何基础的工人都能听懂的人，或者是自己"突然开窍"的时候，就一定会学得得心应手的。这一招鼓励孩子坚持了一年，然后得到老师点拨，直到拿到学校数学素养竞赛年级前五名的奖励证书，昕吟顺利地渡过了这一关。

其实，学习过程中，肯定会遭遇困难。要能从"坑"里面爬出来，是需要坚持的毅力的。

三、笨妈妈养出聪明孩子

在孩子的面前，我一点儿也不强势。虽然当孩子走向更高学府时，我们曾希望，如果我是一个智慧的妈妈，和她能不断进行高层次的沟通，应该更好。但我确实是一个普通的妈妈，毫不费力的天然大招，就是欣赏孩子。

这是发自内心的，最为自然的事情。在她身上，从奶娃娃到初长成，让我感受到的都是生命的奇迹。

我的欣赏乃至佩服，表现得最强烈的是在她的英语学习上。

她的英语成绩，一直在班上保持中上，在所有学科的学习中相对平顺。

她读英语的时候，我就是觉得很美妙。对这个为难过我整个求学生涯的英语，说崇拜她，真是发自内心的。她的音色我觉得好听极了！直到她告诉我，她学英语还不错主要是语感很好；时不时在我面前说上一大段英语让我当歌一样欣赏；恳切地批评我说，应该还是不曾努力去记单词，否则是能学得好一些的；写给我的祝福卡片都是英语，让我一个个词去查；甚至读初中时，她还想一天教会我一二个单词……当她的学习到了这个程度，我已无需担心。

她体谅我的不懂，会在某个问题需要指导的时候明确要求支持。高一结束时，她的英语成绩在分班进入由英语老师贺特担任班主任的"学霸班"，也能够跟上，没有再额外补过课，已经是一种成功。

四、母亲需要适时地退出

我的分享，小学和初中的例子要多一点，高中阶段可以分享的经验变得很少。为什么呢？因为，如果说孩子对母亲陪伴的需要，开始是100分，小学是80分，初中就应该只有50分，再到高中，已经只有20分了。相应增加的应该是父亲的参与和关注。更多的是她从外在获取的能量，是她自己从伙伴、老师、榜样等群体中获取的支持和激励。我只是让她知道：她对我而言，是最重要的。只要她有需要，我会立刻到她身边。这份爱一直都很稳定，因此，孩子内心安稳。

高三时，贺老师组织了一次野炊。我积极响应，成为到了现场的家长之一。在这个活动前，孩子给了我一个正面告诫，不许我盲目热情到模糊了边界。她说她知道，我只要是有关她的事情，都有爆发的"兴奋"。但是，他们一个小组有明确的分工，我只能给她准备她需要准备的部分。因为这样，才是对其他同学的尊重。

瞧，我就是一个普通的妈妈，普通到：我们曾经有过这么一个对话。如果妈妈的"类型"可以由孩子选择，你希望我的哪一方面可以不同？她坦言：作为妈妈，对孩子的爱，对她的生活方面的照顾，我都无可挑剔，甚至有些太溺爱了点。如果可以选择，我要是能像某人的妈妈一样，可以和她斗智斗勇，在学识水平上更好一些，就好了！我的不足，孩子已经有了清晰的认知。而我，除了自省，更多的是欣喜。我知道她又上了一个新的平台，对养育和教育，都有了自己的辨析和理解。

伴随孩子的成长，作为母亲有很多的牵挂，容易有操不完的心。但是，我们需要意识到：孩子是一个独立的生命个体。我们需要更多的相信，更多放手，让孩子飞翔。母爱之所以伟大，是因为：不管自己付出多少，它都是舍得放飞的爱。

这一意识，让我少了唠叨，正常甚至更为投入地工作。忙忙碌碌地，直到高考那天，我穿上旗袍去给她加油，连她都知道，我只是不想少了这人生唯一一次难得的送考体验。笑着和她挥挥手，转身就投入到了工作中。这是她的考试，只能她去面对。

最终，孩子在贺老师给他们的守候与祝福中，顺利地考完了全程。

五、母亲要修炼出平和的心态

一直在父母眼里很优秀的孩子，进入高中，可能会有一个波动。我的女儿就是。

这里面原因很多，有她学习方式方法需要转型，时间管理需要进一步改良……而做家长的，能看到的往往只是每一次的成绩和排名。记得连续两次月考，看着某些学科很低很低的分数，不仅孩子受到了打击，作为家长的我们，其实也一下子就慌了。

这个现象，让我们清晰地认识到，进入二中这样一个全株洲市最好的高中，大家都是学习成绩比较好的孩子，自己的优势不明显，差距却触目惊心。孩子大了，不会轻易简单地认同父母夸奖的话，她真实地感觉到了学霸的思维可以秒杀自己的"努力"。

在这个时候，我请教了身边的心理学教育专家。发现所有的焦虑，更多是自己的问题。知道看待孩子的成绩变化，本身就应该存在一个合理的区间。只要在这个区间，我就能淡然处之。让孩子也得以从容一些看待自己的排名和成绩，不去计较一分之得失，而是专注在：怎么把考出来的"问题"给一个个解决好。

同时，我们直面痛点，剥开"面子"，建立了一个认识。当初女儿未能高分考进二中，并不是偶然的失利，而是与很多同学在学习基础等方面，确实存在一定的差距。这样，我们也就找到了当时在同学之间自身所处的位置。找到了和自己心目中，成绩和能力比较接近的同学，作为合理的参照目标。每个学科的成绩，也有一个自己通过努力就能达成的目标，并加上达成后自身可以整体提升到什么位置的设想，从而保有信心。

这个过程，伴随着女儿从一千学生中的七百多名，到后来学霸班的前36名。排除分科等各种因素，昕吟一直保持了一种上进的状态和平和的心态。

最终在高考中，平稳而较好地发挥出来，应该是在面对压力时，母女一起共同实现了的成长。

六、融洽的氛围、志趣的影响，助力成长

高中三年，我们家的"小蜗牛"一直在努力向前。这个过程中，班主任贺老师拍拍她的肩膀是鼓励，语重心长的鞭策是鼓励；数学彭老师一次次的讲解是鼓励，考验考验她的讲题能力时也是鞭策；语文老师让她去参加作文竞赛也是激励……学科老师们不同的魅力，都在她的心里，滋润了她的成长。

考入湖南师范大学后，她跟我说：要是将来能当一个像她二中的那些老师们一样的好老师，挺好的！

对老师的欣赏，入了孩子的心。对同学的喜爱，让他们温暖同行。二中的师生之间和生生之间，非常融洽。这让我的孩子在学习期间情绪稳定，爱校如家。

高三后期，学校请来很多名师大家分享交流，昕吟总是去听。她说北京的语文老师，京腔一起，就让她爱上了戏剧，并意识到一个人的文化底蕴和综合素养非常重要；清华设计院的院长分享的技术和艺术的融合，更是揭示出未来职业发展的方向。我庆幸她能在高中这个人生奠基的重要阶段，与优秀同行，仰望星空脚踏实地。她和班上53个孩子一起，全部都上了一本线！这是1401班每一个孩子新的起点，我期待并祝福他们：在今后的学习中，能有更为丰富的体验，找准志趣，锻炼能力，创造美好生活！

好多回忆涌上心头，且记录下这些送给我成长中的阳光女孩。我相信：你将来一定能发展得更好，也能成为一个更为智慧的妈妈！

少年，前进吧！

学霸篇

我的高中回忆

北京大学　经济学院　王浩宇

回忆是一件麻烦事。有时候，你会记得一个平凡场景的细节或者一种稍纵即逝的情绪，但你会忘记过去事件的发生次序以及它们之间的逻辑。

在高考前夕自主学习的那几天，我在盯着我用夹子夹起来的不厚的一沓便利贴。便利贴上写着很多东西，一个巧妙的解题思路、一组类似的题型、几个自己总结的模块提纲、几个易错点、一些文言字词或者英语生词，还有类似日记的短句。首先它们很杂乱，就像我在兵荒马乱中苟且度过的高中一样，有人会把它们分门别类地整理好，但我觉得不能把学习寄希望于自己考前复习才拿出来的笔记本上。学习归根到底是一个改造思维的过程，不是抄写知识的过程，所以我会在第一次把它们写在纸上的同时就把它们内化为自己的东西，调用理解力与记忆力，像给自己上了一堂课。其次它们很简单，就像我的处事风格一样，华美总是花费代价，而简单的东西往往实用且高效，一顿除了让你感到饱之外没有任何作用的饭能节省出宝贵的学习时间，一个墨守成规的解题套路能保证你三分之二的得分，简单的笔记本能允许你随时随地地记录知识与灵感。最后，它们很少，少即是多，过多的总结内容是懒于思考的体现，另外，一份很长的总结也失去了总结本身的意义，一份看不完的笔记也失去了笔记本身的意义，不厚的一沓便利贴足够承担起它背后所有的思考与记忆。

听有趣的课是一件很有趣的事，当你第一次昂起脑袋仔细听老师说的每一句话并分析它背后的意义时，你会发现你之前从没发现的信息。你会发现老师的话总是有意无意地与规范的学科表述耦合，话的逻辑总是试图引导你从更高的角度审视知识，你会猜测老师将以怎样的方式来讲授那些你已经预习了的内容、解释那些你半懂不懂的难题，并因为猜测正确而在心里喊一声bingo！比如学习政治到一定的程度，会感到一种"宏大的合理性"，这时打开新闻联播，播报员的字句不再空洞，取而代之的是对每一句话意义的深刻领悟，至少比自己政治大题的答案要言之有物得多。课堂如果思维跟不上，还可以借助于纸笔，在随堂的草稿上记录老师或者自己的思路。这样听完一节课的思维量理应很大，与考试相差无几，思维的锻炼就在这一节一节课中慢慢积累起来了。另外这种听课的方式可能导致笔记时间的减少，但知识的深浅显然不是以笔记的多少来衡量的。

考试就不那么有趣，特别是频次很高、周而复始的考试，有时候根本来不及沉浸于这次考得好的开心或者考得差的反省，就必须马不停蹄地赶赴下一场。这个时候如何对待每一次考试就尤为重要了。如果这是一套知识深厚、思路有趣的卷子，归纳错题以及巩固它涉及到的重难点就需要花与考这套卷子同样多甚至更多的时间。如果这是一套内容比较空洞的卷子，那么趁早不去管它。而且很微妙的是，作为高中生，他们的价值多多少少由考试来实现，那么他们的心情也就多多少少由考试来决定。患得患失是不可避免的常态。那么怎样在一定程度上克服它呢？我有两个经验，适用于两种情况。当你考得太好了的时候，心情飘飘然，赶紧找一套比较难的模拟卷做一做，它会让你知道自己是有多么需要继续努力，这可以让你安心踏实一些。当你考得太差了的时候，比较沮丧，在总结出自己薄弱的知识模块（注意只是知识模块）之后赶紧把那张让你沮丧的卷子收进文件夹底层不要多看一眼，那会让你不至于对自己的错误百般遗憾，而是继续自己的学习步伐。当一个人心情好的时候，很难考得不好，就像电影里脸上有微笑的人一般都是厉害角色。

如果说学习与休息有什么区别的话，那就是学习的目的性特别强，一板一眼，比较"有用"，而休息的魅力恰恰在于无目的，比较"无用"。我比较不喜欢"无用之用乃大用"的说法，因为无用就是无用本身，它不需要任何的功用证明自己的存在。天气好的话可以去踢踢球，天气不好可以看看书，所谓晴耕雨读。由于我读的是文科，是一个漫长的积累与淬炼的过程，所以学习上的事情平平淡淡的多，倒是几场尽兴的球赛与教室书柜里几本有趣的小说让我印象深刻。那是难能可贵的亮光。当然你也可以试着将休息视作学习的附庸，午休掐好表睡15min后期望这能够让你以饱满的精神状态投入学习，这样一来休息就是为学习服务的。但当一个不午休的人学习效果比你好时，你难免就会怀疑休息的意义，于是开始除了在看书就是在眨眼的无休息状态；当一个充分休息的人学习效果又比你好时，你难免就会怀疑自己了。破除这种焦虑的做法就是不要赋予休息以太多的实用性期望。

我很喜欢跟文字打交道的感觉，那也使我更倾心于人文学科。文字，是使思想实体化、可视化的工具。所以我其实是更喜欢思想。希望大家能真心喜欢人文学科。希望大家能经过高中的学习成为有思想的人。希望大家都能在高考中取得理想的成绩。加油，我在北大等着你们！

杂思录

北京大学　经济学院　谢　馨

三点一线的高中生活虽是相似的，但在不同的学校、不同的朋友圈子中，高中生活中细碎的、微妙而动人的、带来触动的、引起情绪起落的点则完全不同。既然人人拥有不同电波、活在不同频道，那么单纯分享我的高中生活便意义不大。老实说，在如此忙碌的高中阶段，有时间去了解陌生人相似生活中的喜怒哀乐还不如去读本小说。

但面对知之甚少的今后，了解一些前人的经验教训还是有几分意义的。在这里想要分享一些我的经验教训（或者说只是一些想法），希望对你有所帮助。

首先，心中有个大方向很重要。大方向可以是目标、期许、信念之类的。谁都想偷懒，当你心中有了个大致轮廓的更好的自己后，仔细掂量一番成本收益，才会愿意无怨无悔的为之付出。有了野心并为之行动，你才不会安逸地等着别人或是心中的不安推着你走。更进一步的话，不妨看得远一些。视野放开一些，眼睛瞄远一些总是好的。前期可能出现的一些狭隘的想法可以慢慢修正，茫然和空白可以通过查找、交流和思考来填补。心中有数方可气定神闲。心中有了大方向后，在面对各种抉择时也更有底气，更能从一而终。

其次，有意识地去完成一件事。"（所有人都）应该有错题本啊。""（所有人都）应该认真做错题本啊。"大多数人都会这么想吧。但是说实话，做好三年份的错题本并且要从中得到些什么，这难度可能已经超过了Hard级别。更平常的情况是"大家都做错题本哎，那我也要做错题本"。如此，容易出现的情况是为了整理错题而整理错题，方法和路径混杂在了一起。辛辛苦苦把题目抄了一遍或者粘了一遍，下次碰到同样的或是同一类的题目，还是会栽。坚持做错题本是件费时费力的事，如果把错题收集起来大概率上是为了求个心安，大可不必为难自己。同样的道理还适用于刷题，如果做题的扫尾工作不到位，做题的意义真的不大。

学习方法方面，每个人的情况都不尽相同，不求什么高招妙招，只求找到适合自己的方法。而什么是适合自己的学习方法，相信你心里有数，最糟的话，试几次跌几次也该清楚了。

如果你的老师是公认的很有经验的靠谱老师，那么一定要好好完成你的老师布置的任务。（以及，我觉得做好这一步就差不多了，没有必要再额外给自己加任务，特别是文综。）对自己的方方面面有什么质疑的地方，请教老师也是很好的解决方法。

我认为高中生活应该是丰富多彩的，希望你能多多参加活动，多去结识一些朋友。大胆一些，活泼一些，多多体验，用心感受。良缘也好，孽缘也罢，毕业后回首，命运的红线和黑线都会各有滋味。

达尔文的进化论之所以被广泛接受和它简洁的表达形式以及便于人们自由解释是分不开的。下面是我认为有一些意思的想法。

• 世界上最神秘莫测的非他人的世界观莫属，想清楚这一点后，处理人际关系时遇到的种种问题都变得顺眼多了。

• 虽然每次考试前都是在翻那几本书，但真正吃透教材的又有几人。我始终相信：再读一遍教材，它总会给你带来惊喜或疑问。

• 高中学到的很多东西都是几百年来前人嚼烂的东西，虽然我知其然，但很多都不知其所以然。

• 也许你需要一些偶像的力量。我的爱豆给了我无穷的精神动力。

• 平衡好课业和休闲娱乐的时间安排。当我觉得我在虚度年华或者碌碌无为时，我会反思自己关于时间的规划。

• 充足睡眠和合理膳食十分重要，因为某些因生活习惯带来的损伤是不可修复的。

• 如果过分重视从现实生活中观察到的细枝末节，容易徒增烦恼。

• 权衡在人生的任何阶段都是十分重要的。在恰当的时间做好恰当的事。

- 覆水难收，面向前方也许比回溯过往更有价值。
- 考试以分数定高下，如此临阵磨枪就显得极为有意义。高效的临考复习很考验状态和情绪的调节能力。

小结：

命运就算颠沛流离，命运就算曲折离奇，命运就算恐吓着你做人没趣味，别流泪、心酸，更不应舍弃。

自己的路终究还是自己走出来的。三年苦短，少年，前进吧。

祝愿你能有一段蔷薇色的高中生活。

蔷薇色的生活

北京大学　国际关系学院　沈家璇

　　我的高中三年是十分充实愉快的。因为在株洲市二中，我遇到了很好的老师和同学，他们让我的高中学到了扎实丰富的知识、经历了有趣多彩的学习生活，给我留下了很多美好的回忆。

　　回顾三年的学习生活，我认为要学好考好，最重要的是跟着老师走。我很少花时间精力做课外的辅导资料，但是我上课会很认真地听，老师布置的作业都会仔细思考、对答案和总结。第二个就是一定要多去问老师，和老师交流。虽然我因为各种原因，没有去问过几次，但是就我去问过的那几次来说，都使我收获很多，毕业之后我也对没能和我可爱可敬的老师们多交流感到可惜。再就是课外的拓展方面，特别是学习文科的同学们一定要关注生活，关心时事，积极通过各种媒介拓展自己的知识面。它对高考的文综和自主招生的笔试和面试都很有帮助。其次是课余生活的活动方面，不论是学校组织的还是班级组织的，都要积极参加。在这些课余活动中可以放松心情，丰富生活，增进与同学们的感情，它们会成为你珍贵而美好的回忆。

　　"心态"二字在高考中十分重要，在平时的学习生活中，保持不骄不躁的心态有助于我们提高学习效率。而在考试中，一定程度的紧张状态能使我们充分展现自己的知识水平，甚至是超常发挥，取得理想的成绩。那么，怎样保持良好的心态呢？我是这样做的：在平时的生活中，我不会多想每次月考的成绩，也不会为未来高考的结果担忧，只是每天做好自己应该做的事情，默默耕耘，不问收获。在临近高考的时候，平时准备充分的同学们可以这样暗示自己：我已经完全准备好了，不管考什么我都能写出来，不用紧张！平时不如其他同学努力的同学可以这样想：我本来就不如别人努力，无论有什么样的结果都认了，尽可能把自己都会的东西展现出来就好，不用紧张！我和我的大学室友一起讨论过这个问题，她们三个都是第一种，而我是后者这种心态，但我们都不紧张，所以高考时没有出现较大失误。

我在高中的时候有幸参加了北京大学的暑期学堂和"博雅计划"自主招生。最大的感受就是自主招生的笔试基本上是无法准备也没有必要做准备的。它的题目是十分灵活的，题型每年变化，语文和文综的内容选材都闻所未闻，考的是我们知识面的广度和思维能力，所以应试只能靠长期以来的知识积累，而不是突击刷题的准备。而北大博雅的数学是文科和理科同一套卷子，难度极大，需要很深的数学竞赛功底，对于需要准备高考的文科同学们来说没有必要为此下很大功夫。面试方面，我建议想参加自主招生的同学们组成一个小组，平时一起模拟面试中的无领导小组讨论，熟悉面试的方式。

上大学后，我十分想念我的高中老师和同学们。因为在大学里，你和老师与同学的关系不会再像高中那样亲密。相比之下，高中的老师和同学们于我而言就像三年朝夕相处的亲人，每当自己感到前路黑暗、渺茫的时候，他们都给予我坚持下去的力量。

我发自内心地感谢我的老师们，他们不仅教学的水平很高，而且对每个学生都认真负责。我的班主任贺月莲老师，看上去总是很凶，实际上是一个很有耐心的温柔的人，我高二的时候对于学习很是懈怠，成绩也退步不少，但是贺老师没有放弃我，每天早自习前和我谈话，终于把我从错误的路上拉了回来。贺老师很喜欢给同学们送心灵鸡汤，为我们提供了茶余饭后的闲聊话题，增加了我们间接的人生阅历和经验。数学老师彭小飞老师数学教的十分好，思路清晰，板书工整，简直是数学老师中的模范（不过我感觉我的所有老师都是所在学科教学领域里的模范），彭老师是一个十分认真严谨的人，她的严谨的思维不仅在于做题方面，也影响了我做人做事的态度，不过我高考的数学考得挺差的，心里觉得很对不起她。我的语文老师洪涛老师是一个很有趣的人，有机会的话你一定要看一看他写的文章，有一次他在办公室里帮我分析作文，顺便给我看了几篇他的随笔，于是他在我心目中的地位上升了很多，因为他的文字极其有趣。我有三个女神，她们就是政治老师易树明老师，历史老师邱婕老师和地理老师许香莲老师。她们简直把文综教学发展到了顶峰，各个身怀绝技。易老师的课件和对课本知识的梳理思路清晰，井井有条，她对时事的分析也很是透彻。最重要的是，易老师很像是一位人生的导师，似乎没有什么是她不知道的，易老师是智慧女神。邱老师就像一个小姐姐一样，让人感到十分亲切，新课标的历史选择题涉及知识面是很广的，邱老师也会在课堂上为我们拓展很多知识，培养我们分析史料的思维。对于我们而言，邱老师不仅仅是历史老师，更像是一位知心姐姐，常常为我们排解心中烦恼。许老师是美丽女神，许老师的生活状态被我们班很多女生羡慕，但是我们一直没有告诉她。许老师的文综地理大题的分析方法很是奏效，她也教会我们在生活中保有一双善于发现的眼睛和一颗勤于思考的头脑。

我还非常爱我的同学们，他们善良、友爱，给予我很多温暖和感动，在这就不细说了。

以上就是我的高中生活的感悟（流水账）。

涵泳牛角志，兼有林壑心

复旦大学　中文系　李怡璇

　　有时手腕翻飞时，隐隐像是闻见春日校墙内槐蕊的香气，闭上眼，又回到那样洁白纯美的日子。会因为树下蘑菇兀地不见而念念不忘，会因鸟儿停在教室窗檐而心存温情，曾为初桃绽出的艳色低声惊呼，也在河柳抽出的春条旁经久驻足过，我想，在略显枯燥的高考路上，极其容易忽略身边的各种美好，为功利迷了眼，被焦虑役了心，努力是必须的，但它只占五分，此外还需三分豁达，两分理性，方能模糊焦虑，清晰初心，背负梦想，砥砺前行。能做到涵泳牛角志，兼有林壑心，想罢是最妙。

　　备战高考这三年，若说有什么绝妙的经验也不敢，倒不是出于私心，只是觉得每个人的学习道路都独一无二，剪切粘贴的成效不会大，然，作为学长学姐的我们，将自己当初的喜怒哀乐，围炉夜谈般向你们细细叙来，你们能从中感到温暖，受到鼓舞，激发出灵感，也未可知呢？

　　至今仍万分庆幸，在葱茏的岁月里，能遇上那样一群人——他们有最温柔的笑靥，最暖心的言语，考试失利时她们陪着我望星星，会围在一起精密计算假期，会躺在被窝中聊天到凌晨，更会毫无保留地分享做题技巧，当我不安、彷徨时，发现她们正拉着我的手，生怕我落下在这易走失的路上。高考将我们联接在一起，高考使我们从此分离。大家都走在各自的轨迹里，风土地理也隔出了心灵的距离，万幸在这样的失落中，我和最好的朋友考到了同一座城市——上海，乌丝阑底，灯火迷离不足尽其靡丽繁华，但有她携手，想必眸底光亮将一如往昔。

　　班上能人辈出，有人天姿灵秀，有人兢兢业业，而我学习只凭一股韧劲。高中三年来，我一直努力坚持晨跑的习惯，高一高二是5点40分到6点10

分，高三为了保证睡眠，就调整到6点10分到6点40分，也就围着寝室楼下的小花坛跑，有时宿管老师开门开的早，还会到操场跑两圈，有时，在楼下做拉伸运动的时候，听到她们在阳台小声呼喊我的名字，一抬头，清晨的柔光也不及她们笑靥动人。吃完早饭后，我就会按照制定好的计划早读，上课也会紧跟老师，随时记下不懂的，下课及时请求老师答疑，可能是晨跑的习惯让我精力较为充沛，课间我很少休息，一般用来回忆课上所讲内容，或者是完成作业，在时间分配上，我一般会做到科科俱有，只是重心不同，睡觉前会过一下电影，把难背的知识点再过一遍，一觉起来，又是新的一天，每天的日子相同又不同，每天都有相似的风景但又有新鲜的趣事。

有人曾问我这样规律到近乎死板的日子，会不会很无趣，我却不觉得，我喜欢尽在掌握中的日子，喜欢一点一点积累知识的满足感，喜欢向着目标一步步奋斗的雀跃，或许大家看不大出来也不太理解，但我是真心喜欢这平平静静的每一个日子，也不觉着说有什么苦，我只觉得看到在努力的自己，就很安心，很甜蜜，可能这样的心态也助了番力，在高三我的成绩一直稳步上升，高考除了英语失利，其他科目都正常发挥。我自知心思止步细腻，不够活泛，研究学术或是一条比较好的道路，加之对文学也颇有兴趣，故昔日填报志愿之时，也未曾犹疑，填复旦大学中文系为第一志愿，在大学我交到了许多志同道合的朋友，也不断地发掘到自己更令人惊喜的一面，在此又不禁感恩能得如此运气。

絮语叨叨的毛病老改不来，只是想到能和你们说说话（姑且就算是一种谈话罢），不禁就有些许激动，其实，在这高考路上，你们从未独自一人，无需迷茫无助，你们的背后有整个世界作为支撑，而这路上也繁花似锦，风景正妙呢，生活，就是一种永恒的努力，努力使自己在自我之中，努力不至迷失方向，努力在原位中坚定存在。

做你自己，就很好

中国人民大学　工商管理　张千千

2017年对我来说无疑是很特殊，很值得纪念的一年。我写下这一篇文字的时候是2017年的最后一天。就是在这样一个年头，我度过了误以为离我还很遥远的高三。

高中三年过得很快，快到让我常常坐在人大的自习室还在想着，什么时候下课可以去二中食堂吃饭，然后发现原来现在我在北京了。高二文理分科对我来说是一个很顺利的过程，一开始我就很明确自己打算往文科方向发展，虽然我的文理成绩差不了太多，但兴趣的指引和家人的支持让我从未对这个选择后悔。然后我进入了贺月莲老师的班级，进来的时候心里有些些紧张来着。高一的时候是在理科倾向的班，我们班出来学文的同学只有个位数，一直听说贺老师班上学生很厉害，可能在这个时候，心里默默的就开始和自己较劲，希望在新的班级，也能够和大家一起进步。

我的高三，幸福而难忘。我们班的氛围很活，这是我觉得在一个临考之前班级中很难能可贵的一种氛围，因为它让人有一种家的感觉。我们班常常会自发组织一些活动，出去秋游，高考前邀请家长和同学一起百人会餐，班会课时大家一起合唱打歌，还有很多很多。因为自己是走读生的缘故，我每天可以回家，但是很晚才能到家，到家之后也只能匆匆洗漱复习一会就上床睡觉。而我要说，在忙碌高三的日常之中，能瞥见几眼家人的模样对我来说就是最幸福的事情了。下课的时候能和组里的小伙伴分享着零食说说近期有趣的事情，或者去老师办公室解决一两个问题，不想学习，就什么也不干出去晃荡两圈。还有后来的体育课，和晚自习，我常常会绕着校园散步或者跑步，这让我至今对二中的每一栋楼房都印象清晰，我也记得晚上大课间休息时操场的星空和坐在草坪上看着对面新建楼房的灯光一开一关咔咔的笑出声来的我和你。这些回忆因为在一个特殊的时期，显得可贵，会在长长的时间过去之后还熠熠生辉，发起光来。

高三，学习自然占据了我主要的时间。我的学习方法和其他人比起来也有些不同。我习惯于用最少的时间完成一件事情，或者说，我习惯于，用必需的时间完成一件有必要的事情。我很看重"效率"。高三下学期，大家都沉浸在刷题之中，这是逃不掉的。但我以为这不意味着我需要浪费不必要的时间机械劳动。当时的我选择了文综的选择题和数学压轴题重点攻关，许多卷子连名字都没写，好像最后扔掉的空白试卷有四五十张来着。我想强调的是，高考，是千军万马过独木桥的环节，时间和年轻是你最大的资本，你要有一个明确的方向，知道自己要什么，不要像个盲人，碌碌地跟在他人身后走，这样当你回头看自己时才不会觉得后悔。你要做出自己的选择，同时要明白，在同等量的时间条件之下，没有人有能力做好每一件事情，你要提前做好充分的准备，还要有选择的放弃。每个人都不一样，学习别人的优点固然是好，但一定要适合自己才不会得不偿失。早早给自己树立目标，一步一个脚印地走，有思想地走，你会发现，你的前路比别人明亮得多。

学习这件事情从本质上来说，是你自己的事，没有人帮得了你。我的分享也是希望大家能更有思想，去思考高考之后自己的未来，以及如何让这个未来成真的路径。最后想告诉大家，我的高三，不后悔，希望你们也是一样。

时间紧迫，只写干货

南京大学　英语系　汤颖倩

个人觉得高三时比较普适的经验就是好好听老师的话，然后保持着乐观心态、多和同学交流借鉴经验罢。毕竟我二中的老师和同学都很棒的，老师专业，同学进取，只要自己能够顺着积极的潮流坚持下去，高考肯定是没问题的。

以下是我高三的日常

1. 早上：基本是6点40起床（闹钟响了五分钟内可以出门，每日土豆卷边走边吃）；

7点前到实验楼的走廊上读书（大家都形成据点了一般没人抢，老师也看不到，方便自己安排早读内容。至于早读内容，个人并没有按照学校给的表来读，每天都会固定地读十至三十分钟英语，其余时间看具体需求）。

2. 课间：问问题（没必要限于自己班的老师或同学，有时在路上抓到一个人就可以问的，当然，要注意礼貌，不论是否完全解决了自己的疑惑一定要感谢对方）；

补笔记（就算只有一两分钟也是可以补几行字的）；

课间操（秉持"去了操场就好好做"的理念）；

睡觉（真的有睡意最好在课间就小憩一会儿，硬撑以至于影响下一堂课的话是得不偿失的）；

吃喝玩乐（为了真实性我决定还是列出来……放松是为了更好地学习嘛！当然一定要注意不能影响他人，常怀廉耻之心是保证整个团体进步的重要元素之一）。

3. 中午：午餐（以百米冲刺的速度跑去吃饭，这是个人习惯，三年如一日。真有次刚打完饭就被我们政治老师拍肩，说学校应该给我颁个"吃饭积极分子"奖，我惊吓而不失礼貌地微笑着说："吓我一跳还以为又加卷子了。"高三时大家一起奔食真的超好笑，一路追赶一路跟老师问好。只要是这种时间贺特在这段路上一定可以听见此起彼伏的、一连串的"贺老师好哈哈哈哈"）（嗯，少年们不好意思忍不住扯了些淡，我反省，等下再细说有趣的事吧）。

看书（每个月会去校书店买杂志，有时也会去图书馆借书，主要还是看班上书柜里的书。当然前提以不削减看教科书的质量为前提……其实书太好看了以至于考试前夕还爱不释手的情况也有……要学会克制！）。

午休（基本保证每天1点40左右午休，只要读报课没什么重要或者感兴趣的事就一觉睡到下午开课。花式寻找使午休更惬意的方法，只为了能更加精力充沛地迎接下午的学习）。

4. 下午下课至晚自习前：吃完饭读书，有时会有小小的娱乐活动。

5. 晚自习：老师安排的任务，作业，看书，偶尔吃喝玩乐（比如家长送来了全班都有份的夜宵，当时真是对这个"传统"又爱又恨，现在想起真的是一段独特而美好的记忆）。

6. 晚自习课间：架空层尬聊（每天都会去理科班找人去架空层尬聊，顺便跑步。挺有趣的，不失为一种开阔视野并缓解压力的健康方法）。

7. 晚自习后：自习（一般我都是十点四五十左右跑回寝室，洗漱时间还是能控制在宿管发现之前的，关于这一点一定要和室友商量好才能使效益最大化）。

锻炼（主要是跑步，有体测就会练一两周，有时学不下去了也会去跑一会儿再回来。顺便说一下，跑步可能是重启IQ的好方法）。

睡觉（不主张熬夜。高三中期时间紧张，我们寝室才把熄台灯时间推到11点20，没有特殊情况都是能早点上床就早点。因为经过多次事实证明，晚睡真的会对未来造成不利影响。临近考试时都是熄灯就睡的，对大家都好）。

接下来是个人的各科的学习方法，不分主次，仅供参考

语文：

1. 订了作文素材（自己要会辨别哪种杂志书刊对自己最有用，某刊物从最初的一本精华衍生出了许多系列，过量无益，且买且珍惜）。

2. 上课练字（对于我来说练字其实不分神的，而且板书对高考真的很重要）（声明：虽然是语文课代表但是语文并不好，多参考别人的方法吧）。

数学：

1. 按时按质按量完成作业（每天能这样完成作业就已经很了不起了……）。

2. 错题本（必须的）（做过的题一定要弄懂！从你看到这篇文章开始时动手也不晚的！相信我！我就是高三才有的系统的错题本……我有两个，一个是有错误就誊上去，一个是誊精华题目、总结套路和归纳公式，考试前阅览后者）。

3. 刷题（也没那么夸张，以前从不多做作业之外的题，只是最后几个月和组员一起每日一卷。吃完饭从18点20到20点20正好打下课铃就能完成，然后课间就可以对答案讨论。不会的还可以直接下去找理科生嘿嘿）（硬生生地提高了我的抗干扰能力）。

抓住上台讲题的机会，这是加深自己对题型的理解的好方法。

冷静，好好动笔思考，实在不会就问，找对时间问。

英语：

1. "读啊背啊记啊"（早读不能少；升旗、演练、课间操等空当时间加在一起其实挺多的，可以带上书或者自制册，积少成多）（单词、短语、作文、答题套路都可以读的）。

2. 日常练题（全班一起订的、布置了作业的题一定要做。说实话我没有坚持到每天都一篇七选五+完一+完二+改错，我的操作是有空的话就一次性做几篇。这不失为一种好的方法，因为一次性刷同种题型是可以发现一些规律的。我有什么想法或者发现会直接写在文章边上，写着写着套路就出来了）（既然做了就一定要改！用能与原作答不同颜色的笔改！这一点是各科都适用的！）。

政治：

1. 背书，好好整理笔记（易女神说过要先做好加法再学会做减法）。

2. 认真完成老师布置的任务（个人是没有去刷题的。碰到见过的题最好也不要直接跳过，可以试着回想一下答题思路，列个大纲就可以了。）（刚开始做题时答案尽量抄全，到后来有手感、懂套路，就可以试着只写关键词了。）（尽量少钻牛角尖。）；

3. 多找老师（问问题，聊天，吃喝玩乐都可以！）。

4. 多和同学讨论（多讨论相对正确的思路，谨防跑偏）。

历史：

1. 好好整理笔记，背好各大事件的时间（我是靠时间轴背历史的。关于事件具体的意义影响，虽然有的的确会背了就忘，但是多背几次印象就深刻了嘛……还是要在理解的基础上背吧，背到一定程度就会发现套路了）。

2. 完成老师布置的任务（我，真的没刷题……虽然高二买过五三，但是做不下去OTL看着同学们一本本地刷真的有点慌，但没关系，老师很负责的！很棒的！相信老师就没问题！）。

3. 多找老师，多和同学讨论。（个人觉得历史难在选择题，有很多奇怪的训练题，真的需要好好请教老师。经常做完操后百米冲刺到老师办公室问问题，因为那个时候一般不用排队，嘿嘿嘿！）。

地理：

1. 认真听课，记套路，完成老师的作业。（地理是有适当刷题的，主要是多见识一些题型，看一看答案，看关键词）。

2. 多看地图（我的笔记主要在地图册上，地图册翻的比书多）。

3. 看纪录片（我们班读报课会放，自己在家也会看，有趣又长知识）。

总之，就是要学会选择吧。学习方法有很多，套路的形式也很多，大家可以相互聊聊，但是别忘了付诸实践。是否选择改变，是否选择付出，这是自己的事。百日，不短，也不长，务必好好努力。以及，身体最重要。

加油！看好你哦!

Ps：想咨询"如何控制手痒，每时每刻总想画画的欲望""如何停住脑中奇怪的旋律""如何加速入眠"的少年欢迎私聊，天知道我当时为了控制自己想了多少种方法。

一班名师

上海财经大学　房地产开发与管理　吕梦娟

作为高三年级组老师们的脑残粉，我一定要认认真真夸一夸各位名师（贺特自称）。

贺老师，莲子姐，经常被我们笑的传奇女子。贺老师看着很凶，实际上对我也经常打骂（？并没有），她经常用她的方言口音教导着我们"做啊，背啊，记啊！""落后就要挨打！"被我们引以为名言。贺老师自诩教育专家，因为她的教育理念总是与那些专家不谋而合，她曾颇为自信的在课堂上转述他人对她的评价"到底是名师！"讲台下的我们面面相觑，被贺老师那自信的风采折服。贺老师老当益壮，上课时依然语调铿锵有力，充满激情，她的脚步声较他人也格外有力，总是在上楼梯时给玩耍的我们以预警，当贺老师暴力推开门时，整个班级已经在脚步声的提示下变得整齐有序。但是贺老师在高三下学期突然变得轻手轻脚，推门都变得悄无声息，使得坐在靠门位置的同学经常来不及伪装就被逮了个现行。贺老师在离高考还有一个月时，在家长群里说"这一个月，我多半会陪在孩子们身边"，使得我等玩网者人心惶惶。果不其然，贺老师不仅夜巡绿网，甚至在熄灯前在寝室转悠了一圈。然而，自此之后，贺老师仿佛忘记那句话一般又恢复了正常的状态，才使我等心头大石落地。莲子姐经常被我嘲笑，可是我也很尊重很感激她，在我高二陷入低谷期时，贺老师不断地鞭策我骂醒我，对我投入了最多的关注力，虽然有时候话说得比较重，可是对于当时油盐不进的我只有通过这样的方式才能激发我的上进心。莲子姐散发出来的搞笑气质也活跃了整个班级的气氛，给紧张的高三解压。

小飞，数学女王。真的敬业又负责，她的板书总是工整又详细，就算什么都搞不清只要认认真真上课都想得通。小飞对于教学工作的热爱真的令我们咂舌，她改作业改卷子的速度飞快，而且完全不觉得累，与此同时我们身上的数学作业重担也更为加重了。小飞还是一位时尚达人，我同桌称之为"低调的奢华"，小飞服饰百变，都很有格调而且优雅，我们每天都在期待小飞今日的服装，并与文综许女神进行比较，当然风格不同，小飞是职场精英，许女神是法国女郎。

啊涛子，我们可爱憨厚的土豆。涛子嘛，业务能力一般，但拥有好歌喉和迷之幽默感。涛子可能是年纪大了，讲课时会有突然的停顿，令人摸不清头脑。涛子经常点龙哥（杨沁龙）回答问题，一班古人杨沁龙学贯中西，尤其热爱古典文化，是真正的大佬，他的回答也会让我们觉得受益匪浅。涛子有次在下课时突然播放他自己演唱的歌曲，大家只当是开玩笑没有相信，直到听见求佛这个fou字的音才相信了涛子的歌喉，他高一时曾答应要送我们专辑，现在也没有履行。

文综三女神！当之无愧的三位女神！政治易女神，上了大学才发现易女神真的教得太好了，深入浅出，明白易懂，而且教得非常体系化。易老师其实不像看上去那么知性，有点搞笑，她有时会讲一些大家都听不懂的话然后露出迷之微笑。易老师经常发些哲理而离奇的说说，我有时候拿来笑易老师，她就开心的解释一下然后和我们一起嘻嘻哈哈。运动会时她过来给我们加油顺便分享了点八卦，总之易老师又搞笑又学术，我超级喜欢她。

历史邱女神，高二的时候我第一次上她的课都要感动哭了，怎么教得这么好！高一时饱受历史课的荼毒，大家完全靠自学，邱老师的教学水平真的是让历史有了好好听课的信心。邱老师很年轻，所以有这样的教学水平也就更了不起，而且邱老师超级可爱，脾气也超级好，像是一个大姐姐。（邱老师还有一个更可爱的儿子）邱老师最搞笑的是她的重读做题法，历史选择题其实非常主观，往往是知道答案推理过程，但每个人的主观理解是不同的，所以解释起来非常麻烦。邱老师就用重读的方法让我们发现题目的重点，持反对意见的人就重读题目中其他部分，这个方法就破解了，选择题最后也无法解释。

地理许女神，真是一个美丽的法国女郎。许老师特别有气质，说话不急不缓，身上的穿搭简洁又优雅。许老师很爱提到法国，法国在地理中重要是一方面，她的儿子在法国定居，所以她对法国很了解，身上有一种法式浪漫。许老师讲题也是特别舒缓的，她有时在我们做题时会催促道"kuai（第二声）点咯"。

还有一班之宝——宝哥。宝哥张义骁，为什么叫宝哥我就不说了。宝哥是体育老师兼年级干事，他教武术的时候就感觉特别朴实而负责，所以后面当干事巡逻的时候大家也特别尊敬他。宝哥时常来巡逻绿网的情况，陈希宇时常被抓，我也成为宝哥的重点监察对象。宝哥脾气很好也并无法管束我们的玩网，他有次还热情地自称理工男帮忙修理绿网的键盘，结果失败默然离开。宝哥更是文艺圈冉冉升起的新星，时常在晚会上打扮潮男表演一些辣眼的街舞节目。而且我们班莫名其妙成为宝哥的后援会，宝哥成为一班最受欢迎的男星，还被邀入了QQ班群。宝哥QQ名叫唯武独尊，他对武术的热爱令人感动又想笑。高考的好消息也是宝哥在群里提早发布的。

唉，想念各位名师，也希望他们能给下一届下下届的同学们带来更多快乐！

三年之思

武汉大学　经济学　夏源琼

　　古人云：学习如逆水行舟，不进则退。经历三年大大小小的考试之后，我真切的体会到这句话的含义，在这美好的年华里，我们也许彷徨，也许挣扎，但却一直坚持着，一直在路上。学习经验谈不上，各人学习有各人的不同，这里我只是谈一谈自己的想法，希望有助于大家。

　　首先应该是信念吧。想要善学首先要乐学，学习不仅是为了眼前，更是为了更远的地方。如果并没有那么高大的理想，也应认真对待眼前，认真地上好课，写好作业，独立思考。一个认真对待自己的人，终有一天，世界也会认真地对待你。

　　人的潜能是无限的，要相信自己，有必胜的信心。我一直害怕赛跑，可也一直感谢赛跑，因为它让我知道，原来我能更快。学习也是如此，你努力着，努力着，突然发现，哎？其实我也能到那个分数，那个名次，重点不在于敢想，而在于敢做。

　　当然精神上的激励也是必不可少的。这里我要感谢我的父母，班主任贺老师，和一位学姐。我的父母从来不给我压力，只是鼓励我，支持我。而贺老师经常用事例给我们"打鸡血"，每每听完，我都热血沸腾，动力满满。最后是那位学姐，她考到了北大，有一次她回到母校，和我们班聊天，她的言谈举止，气质外貌，以及她个人的经历都使我深深地震撼，并激励着我向她学习，以后每次感觉坚持不下去了，都会想起她，然后满血复活，榜样和信念的力量可见一斑。

　　其次是善于反思。做人做学问，都要时时反思，审视自己，从过去吸取经验，改变，成为更好的自己。错题本就是一种反思，错题本不应该只是题目的重复，也应有自己的反思，如是粗心导致还是哪个知识点抑或是哪类题型没掌握，就算是粗心，也分种类，有算错，有看错题目……这些都要写明记住。第一次错没关系，第二次错就不应该了。文综还有其他也是如此，对答案不只是抄一遍，也应该对自己做题的思路答案与正确的思路答案对比思索，分析学习，这样才能变成自己的东西。

最后，要思维更要逻辑。这句话可能不太好懂。思维是指能够想出难题，可能是零散的，灵光一闪想到的；逻辑是指怎么想出难题，从题目所给的有限"线索"推导出一步，然后步步推导最终得出结论，是系统的，有条理的，也往往是简洁的。你可能觉得，数学是这样的，可其他科目好像和逻辑关联不大。但是，只要是用到脑袋，都离不开逻辑。记忆知识需要逻辑，将其系统分类，而从脑海中调用并组织语言都要有逻辑过程。试想，一份文综答案，是乱糟糟的知识堆砌更好还是有逻辑的表达更好？

这三点只是我个人回首三年的思考。我们的都是过去的，现在和未来都是你们的，荣光也终将会属于你们。少年意气风发，应奋力一搏，不悔年少。

高中最好的样子

武汉大学　工商管理　谭余荫

我的高中三年，是从懵逼和恐慌开始的。

我初中在景炎读书，但那时候成绩算不上很好，就算初三终于开始认真学习也不过是年级七八十的排名。所以，可想而知，当高中分班结果出炉，我发现我和班上的常年第一名的在同一个班，要和各路年级前十的大佬一起学习的时候，我的内心有多惶恐，觉得自个儿垫底是铁定的了。

至于后来是怎么做到不垫底的……这就是我作为一个老学姐想和学弟学妹们分享的了。

高一的时候，大部分时间都在认真学习，但依然可以有一些参加社团、看课外书、看电影的娱乐时间。高一接触到的东西其实都是最基础的，后来再回过头来看，非常简单，当时会觉得难是因为大家对新事物的适应性都不是很强。这时候如果要做到事半功倍，一是上课认真听，二是自己多做些题目，三是每次考试前都好好复习一遍基础知识和例题。

上课认真听，认真到什么程度呢，争取把老师说的每一句话都听清楚，并且在脑子里过一遍，想想这句话的逻辑，不要当耳边风。如果能做到这一点，成绩真的差不了。而且这一点，也是贯穿高中三年一定要做好的事情。你可以课后撒泼玩耍谈情说爱拖欠作业（嗯，当然最好不要），但课一定一定要好好听。

多做题——这个时候做的题还是以基础题为主（即使高一看起来难，两年后回首再看真的还是基础题），而高一刚接触新事物，打好基础真的非常重要。如果还有容易题弄不懂，不要急着去做难题。如果难题一时想不出来，别着急，理顺逻辑接着想，千万别想个三分钟做不出就跳；就算最后做不出来，这个逻辑思考的过程真的非常重要。我高一的时候做数理化的题，一道可以思考半个小时……【当然也是因为我蠢笨鸟先飞嘛hhh】后来事实证明这样的思考助益很大，我从初中数学会拿C的这样一个人变成了高中数学可以考最高分的人（150分），很重要的一个原因就是解决难题的能力真的是有了质的飞跃。这里再澄清一个误区——所谓思考，不是对着一道题发呆，而是真的去一步一步推理这道题可以怎么做，我遇到的障碍应该用什么方法解决。

考前完整、系统地复习一遍基础知识，不要裸考。不仅是为了你眼下这场考试，更是为了帮助自己再熟悉一遍已学的知识。最终高考，还是要看知识掌握程度，不是吗？

高一的学习并不困难，高二文理分科之后才开始了专业化的进程。【不过文理分科这玩意马上就要成为老古董了】高二的时候我开始了另外两个非常重要的习惯——定期做文综的日复习、周复习、月复习，以及开始整理数学错题本。文综怎么学，主观性很强，关键还是要找到适合自己的方法；我的方法就是教材至上，多背书，作业之外的题目倒是没刷多少。数学错题本——为什么高一不整理，因为懒……懒得抄题目，何况高一数学题也不多，拿着练习册和考试卷就能直接刷错题，不需要额外的本子。后来的事实证明我的偷懒是有道理的，因为高一时的错题，高三再回过头看，真的超幼稚，完全没有复习的价值……但是，不管用不用错题本，刷错题总是非常非常重要的。高二的时候，题目变多变难，不得不开始用本子整理；分门别类，用红笔在题目旁边写错因和自己的一些反思与思考，效果不错。

高二下学期，要准备学业水平测试，一些文综科目陆陆续续开始高考总复习，我就抛弃了大部分娱乐时间进入备考状态……一直维持到高考。如果说这一段时间有什么重要的学习方法，其实很简单，上课尽量听进老师说的每一句话，有问题及时问，以及保持当天所学内容一定当天复习的习惯——对于每一门科目都是如此。

关于每一门学科具体怎么去学，还是看个人，因为每个人有每个人不同的习惯，适合自己的才是最好的。但是有一些共性的东西，我觉得是真的有必要说出来的。

第一是时间管理。课间吃零食的时间、中午吃饭拖拖拉拉的时间、晚自习中途休息结束后还流连在走廊上不肯进教室的时间，如果能省下来利用好——不一定是用来学习，也可以是用来做一点你喜欢做的事比如读书跳舞弹琴，并且坚持下来，效果将是惊人的。

第二是专注。该写作业的时候别一边脑子无意识算题一边还想着电视剧里的情节。这样的学习还不如不学习。形成一种仪式感，开始学习之前闭眼三秒，清空杂念，然后专心致志开始。

第三是心态。怎么去面对考试，最近看到一个词："防御性悲观主义"，我觉得描述得很到位。防御性悲观主义，能把人从盲目乐观当中拯救出来，使人预见到可能会出现的问题并促进自己积极准备着手应对；同时，又保有基本的自信。事实上，心态出现问题才需要考虑什么"防御性悲观主义"；最好的状态是啥都别想，做好自己的事就行。

我的高中三年还有什么呢……还有晚自习后和同学们相约吃宵夜，元宵节晚上贺老师准备的惊喜汤圆，全班出动的石峰公园户外烧烤，高三运动会我们这个只有七个男生的文科班拿下年级总分第一的欢欣与感动，高考前家长们一人带几道菜来为我们准备的大餐，体育课上和同学们一起放飞自我踢足球的快乐。即使是在高中最黑暗心态最丧的日子里，我也从来没觉得难熬，大概是因为总有最最亲爱的老师和同学陪在身边吧。一整个班的人，该学习时用彼此的努力相互激励，该玩乐时打打闹闹像群小疯子，失落时有人安慰，有人指点；有了小小成就时有人真心祝福。这大概就是高中最好的样子了吧。

文科生自招指南

南京大学　文学院　杨沁龙

关于高中三年的学习方法和经验，其他的学长学姐已多所言及，我在此不必赘述。如果说我自觉还有什么心得，对于学弟学妹不无裨益，那或许我可以谈谈自招。

我的自招成绩，可以说是比较理想的，我申报的两所高校初审均顺利通过，在南京大学的自招考试中，以笔试65，面试98，综合得分78的成绩名列当年报考南京大学文学院的全国考生中的第一名，因而获得一等优录资格的优惠政策（即降一本线录取），同时也是2017年湖南省唯一的一等优录。另一所报考高校即武汉大学，由于高考后我大致估算了自己的分数，对于裸分考上武汉大学有比较充足的把握，加之时间上比较紧，所以放弃了武大的自招。

老实说，我在自招考试中取得的成绩是出乎我的意料的，个人在考前从未幻想过一等优录的幸运会降临在我头上。所以一定要相信自己，奇迹就会在你身上发生。

下面我就来跟大家分享一些关于如何准备自招及如何应对自招考试的个人经验：

首先，有自招想法的同学，应当从高一就开始积极筹备，尽量多参加高质量、高水平、为大部分985高校所认可的竞赛活动，同时要利用好二中这个良好平台，把握宝贵的社会实践机会。如是则高中三年下来，你的自招申报材料定会积成厚厚一沓，而不是只有一封单薄的自荐信和成绩单。事实上，除了北大清华这类"神级"高校自招初审会在成绩上卡人，其他高校基本不会特别看重你的高中成绩，那凭什么进行筛选呢？主要是根据你的申报材料的多寡和质量。罗列的奖项越多、课外经历越丰富，通过率就越高（注意，奖项亦不可一味罗列，应择含金量高者上报，否则徒增其反感），至于缺少亮眼奖项，课外经历也相对"惨淡"的，挽救方法大抵有二：一是在自荐信上下功夫，使其或真诚动人，或卓荦不群（但就我的了解是，并没有人会仔细看你的自荐信或者叫个人陈述，因为筛选工作基本是由行政人员负责，大家的申报材料教授们是不会过目的），二是但愿你的成绩单至少还非常赏心悦目。我并不建议所有同学都搞自招。自招申报的烦琐，不亲身经历者是很难体会到的。除非你能拿出一定的申报材料，否则最好是专心高考，不要被自招浪费了时间精力。

以我自己为例，我的自招申报材料中最主要的一个奖项就是创新作文大赛全国总决赛二等奖，这个奖是非常硬的一个作文奖，除了北大、复旦，其他高校的初审基本是畅行无阻的。而我之所以能进入总决赛，要归功于我的高中语文老师洪老师，他把文学特长生的名额给了我，于是我直接晋级总决赛（文学特长生的名额二中每年有两个，自己好好争取吧）。而我申报材料里主要课外经历就是访日和模联。去日本访问交流这个宝贵的机会也是班主任贺月莲老师给的。所以说，在二中这样一个好平台，机会是非常多的，关键就看自己能不能把握住了。

然后就是如何准备自招的正式阶段了。自招准备分三个阶段：寒假、3月和4月。（月份的划分是笼统的，大家根据自己当年情况调整）。下面列出每个阶段大家要做的事，大家在准备自招时可以参考我这份"任务清单"：

第一阶段：寒假

Step1：锁定目标

自招申报其实真的是件特别烦琐的事情，要花费很多时间精力，因此我不建议大家采取广撒网的方式，最好是明确目标，精准打击，提高效率。因此在寒假应当尽快锁定目标。在报考高校前要认真考虑至少以下三个方面的因素：

1. 奖项要求的匹配度。既不可明珠暗投，亦不可好高骛远。参考高校去年的自招简章。部分高校在自招简章中对奖项的规定比较模糊，这时最好是询问一下有过该高校自招经历的学长学姐。

2. 初审通过率与最终通过率之比。初审通过率太低的高校，如果你奖项不是特别硬，对通过初审没有十足把握的话，不建议申报。因为大部分高校，尤其是综合实力强的高校，对自招申报有数量限制，一般限报两至三所。这就意味着你只有两次机会，因而在申报此类高校时，你需要考虑清楚你是否应当冒此风险。初审通过率很高的学校也要留心，可能最终通过率很低，这样的话其实过了初审意义也不大。所以要综合考虑两方面的因素，选择一个比较靠谱的高校填报。一般来说，自招申报报两所就够了。一所用来保底，你认为初审一定能过的；另一所用来冲刺。

3.目标高校自身因素。如地域保护、自招形式及难度等。有的高校地域保护现象严重（比如四川大学），外省初审通过率极低；有的学校尤其看重成绩（比如北大、清华，像这两个高校你如果不是拿到了博雅、领军的名额，还是不要幻想能报上这两个学校的自招了）；有的学校自招考试形式奇特，难度极大，鲜有通过（比如中国人民大学和复旦大学等）。这些都是你在自招申报时必须考虑的因素。

总而言之，自招即是一次投资，务必谋求效益最大化。

Step 2：申报材料的初步准备

1. 参照去年自招简章提前准备材料。虽然各大高校的自招简章要到3月中旬左右才会陆续推出，但其实在寒假大家就可以参照去年的自招简章着手准备申报材料了。

2. 拟一份自荐信或个人陈述。虽然高校审核人员不一定会认真看，但是我们还是尽量认真写。

第二阶段：3月

到了3月自招的报名工作就差不多启动了，有申报自招想法的同学3月会比较忙：

1.阳光高考网注册，完善个人信息等（完成具体高校投报的前期准备工作）。

2.持续关注目标高校的自招动态（一般而言，在3月中旬至4月初绝大多数高校的自招简章会陆续公布，建议关注目标高校的招生公众号或定期查看官网）。

3.按要求整理、上传材料（建议父母协助完成部分工作，如学校盖章、签字等。毕竟，三四月份是大家的关键冲刺期，还是应该以学业为主，不要被其他的事分散了太多精力）

再次提醒大家，自招的申报工作不是一个下午或一个晚上就能完成的，往往需要多次返工、修改才能完全符合高校要求。且自招申报需要在电脑端进行操作。因此大家一定要给报名留足时间！

第三阶段：4月

自招申报材料提交完毕后就耐心等待初审结果出来吧。初审通过后，就可以暂时把它忘记了。一个原则：自招是锦上添花，不是雪中送炭。自招不是你能掌控得了的，想也是瞎操心，不如好好复习，备战高考。

最后，谈一谈如何应对自招考试。

自招其实真的没什么好准备的，所谓的集中培训啊、要家长模拟面试考官进行问答练习啊、刷网上的自招"真题"啊，都没有任何意义。我从我个人的自招经历中体会到的最重要的一点就是：自然。

一是心态要自然。不要把自招太放在心上，有就有，没有就没有，任其自然，不要把自己搞得患得患失、高度紧张。因为高考前就和两个同学约好了考完自招就去江浙一带旅游，所以我考笔试的时候脑子里还想着旅游路线的规划。考面试的前一天晚上我还在宾馆里玩了一晚上手机。所以我自招考试的时候心态非常好。

二是状态要自然。把自己最本真、最自然的状态呈现给考官就好。

另外一点很重要的是：诚恳。不要装腔拿调。阅卷的是教授，面试的也是教授（你装也装不过他们的）。不懂的，一定不要信口开河。知之为知之，不知为不知，多简单的道理。我在面试时和考官聊到了康德，考官问我，"你读过康德的原著没有？"我很诚实地回答没有，但是我说我读过一些二手评论文献，对康德哲学有一点粗浅的了解，所以才会提起他。

唯一我觉得可以算是自招小窍门的就是面试时你一定要能迅速地抢夺到话语主动权。这样面试考官的提问要能被你的回答牵着走，而不是你的回答被考官的提问牵着走。一旦掌握话语主动权就要不动声色地将考官往你擅长的方向上引，特别是往那种大部分人都所知甚少而你相对比较了解的方面引。我当时就估摸着一般而言高中生对哲学是比较不熟悉的，而我在高中时代对休谟、康德有一定的了解，所以我便把话题往休谟、康德哲学上引。而且一般而言，报考汉语言文学的同学都会大谈古诗词一类的东西，那么如果我一反常态，跟考官聊哲学，就很可能给考官留下深刻印象从而获得高分。事实证明，我的分析是完全正确的。

那么如何提升这种掌握话语权的技巧呢？没别的，就是要多与人交流讨论。和志同道合的朋友聊天聊得多了，自然就知道怎么运用谈话艺术了。当然，聊天要发生观点碰撞和精神交流。我和一个好朋友在高二下学期的时候，基本保持每周二和周四的中午就在走廊上聊一中午的文学和哲学。这极大地锻炼了我的谈话技巧。

有很多人问我如何在高中学业繁重的情况下保持阅读量，我的回答是：自己找时间。阅读量是一定要保持的，不然空有一身谈话的本领却没有谈资，那也无法形成让考官眼前一亮的观点。不想看书可以有一万种理由，想看书自然会挤时间看。

关于自招，我就说这么多了。祝学弟学妹们高考大捷，自招顺利。

多么幸运能是你

中央财经大学　工商管理专业　欧思婕

到大学了却仍活在贺老师的余威之下，去完成贺老师的任务，可能是我们1401的共性吧。

不过，真的好快，现在我已经毕业半年了。

没到高三的时候，所有人，老师、家长、学长学姐都说高三特别恐怖，但怎么说，我觉得高三只能当事人懂吧。就像一个跑800米的人，跑前对800米恐惧无比，但跑的时候或者跑完之后，也就那样了，是吧。

我的高三，说实话，无，比，丰，富。

高三其实是我们最怀念的高中时光了，因为那个时候，没有什么比一群人一起疯着学习更好玩的了。

聊聊学习之外？

1401是一个有着各种奇人的班，真的，不骗你们，问问留在二中的老师，我们就是最浪的那个班，我们是谁的学生？我们是贺老师的学生，我们还有会唱《女人花》的洪老师，带你数学高飞的小飞老师，教你炒股买基金的易老师，可爱到不行的邱老师，无比温柔的许老师，对不起，因为有这些老师，因为在1401这个班，所以我有点膨胀了。1401每天固定的，中午跑步抢饭，晚上走廊踢毽子，教室学习打闹，隔壁网吧自习打混。想着当初立志要每天早上5点多起床跟上我们班的晨跑大队，虽然坚持了一周就又沉迷于被窝了，但事实证明，晨跑真的会使人身心舒畅，早上跑跑步，真的特别清醒。早上，最喜欢的是拿着早饭，溜进实验楼，给自己圈一块地，想怎么背就怎么背，特别美滋滋。

谈谈学习？

班上会学习的，学习好的特别多，没有压力真的是假的，虽然感觉我们班特别会玩特别会浪，但真的，如果是那种该要学习的时候，班上真的会很安静的，最喜欢玩的也会在看书的，我觉得不要抱不努力也能优秀的幻想就好了，我以前觉得有些人真的聪明，感觉轻轻松松成绩就特别好，但事实是，他们不仅聪明，还努力。我记得，高中的时候，我喜欢数学，虽然现在已经遭受到高数的迫害了，喜欢花一两节晚自习去做出来一道题，喜欢去找上课时候同学老师的笔误，可能学习最好的方法，就是兴趣吧，这样刷完题后，会有快感的。还有，不听课自学的话，挺亏的，可能对有些同学来说，自学的效率更高，但对大部分同学来说，老师上课更具有系统性，反正文综跟着三美女来就对了。

　　高三啊，就像一座围城，里面的想出来，出来后却又无比怀念。

咸鱼要翻身

武汉大学　中国语言文学类　吴依旎

　　不管在人生的哪个阶段大部分的人都是咸鱼，虽然很不想承认，但在求学时期，成绩徘徊在中游和下游的人就是可怜兮兮的咸鱼。即使你有一技傍身，但如果不走艺考的路子，你被阿姨们问到的永远是"上次考了多少名啊？"而不是"琴弹得怎么样？"所以，你想要翻身。

　　于是，你翻看了几本心灵鸡汤。

　　"人这一生为什么要努力？"

　　"最痛苦的事，不是失败，是我本可以。"

　　当你看到这句话时，你被震撼到了——说得太对了！简直是经典啊！你声泪俱下，觉得以前的自己实在是太懒惰了，决心改过自新，剪个头发，迎接新的自己。你买了一本《五三》B版，挑战新高度；你写下了这个学期的计划书，让自己在期末考试前临危不乱；你让爸爸妈妈监督自己，没收自己的闲书。你感觉自己很棒棒，不由得会心一笑。你翻开《五三》开始做习题，光看题干，你就觉得好难啊，不会做。就在这时手机出了一条推送——看《小美好》最萌身高差，学渣追学霸！你点开图片，就被深深的吸引了——胡一天好帅啊，要是有个这样的学霸带我飞就好了。于是一个晚上，你追完了《小美好》，顺带花了20元买了个腾讯VIP。

　　讲这个小故事的原因，你们都懂的。

　　很多人都是这样，刚看完心灵鸡汤觉得自己要奋起了——"金鳞岂是池中物，一遇风云便化龙。"然后，就萎靡了。我们身边有太多干扰学习的东西，尤其是电子产品。如果你的自制力不好，我劝你赶快换成老人机，看书别用iPad，买个Kindle比较好。有时候我会觉得生活很无聊，一直刷朋友圈，看微博，什么都没有学到。但只要我们尝试放下手机，到外面走一走，弹弹琴跳跳舞，或是和朋友约着撸猫撸狗，参加志愿活动，就会觉得生活真的很有意思，远比手机好玩多了。"有趣的人都单身，因为她们一个人就可以撑起无聊的岁月，很难找到比自己还有趣的人。"我没有说谈恋爱的人就不有趣了啊，我只是夸夸自己，因为我还单身，哈哈哈。

和大多数人一样，我在初中和高一的时候也是一条放荡不羁的小咸鱼。总是看闲书、玩手机，上课狂写作业，晚自习就吃喝玩乐（这是初中状态，高中作业太多晚自习也要写）。这样放纵的结果是我高一第一次月考排名498（这个数字我永远不会忘），而当时只有900多个人。和初中不一样的是，高中我被班主任任命为学习委员。至于她为什么任命我，我高考之后问过她，她说我看上去很爱学习。What?！谁告诉你的？不管怎样，很感谢我的班主任，让我有了羞耻之心，于是就改过自新呀，早上起得比别人早一些，老师布置的作业认真完成，不懂的地方问同学问老师。提到这里，想告诉学弟学妹，先把老师上课讲的内容弄清楚，他们讲的几乎都是重点和难点；课后作业认真完成，老师布置的作业都是典型例题，不要偏信题海战术。我高一就是这么做的，学一学，玩一玩，也从500名稳定到了前200名，偶尔也进个前100名。

到了高二，因为在以前的班上排名前十，我被分到了文科重点班，也就是可爱又疯癫的1401啦。这两年是我最开心的时光，让我和其他高中生不同，过得充实又有趣。我也认识到了，一个良好的学习氛围真的超级重要。不要认为我说的好的学习氛围就是大家都埋头苦干沉迷学习，完全不是。我们班在运动会上拿了年级第一，去公园吃烧烤，在学校摆宴席，我们活的张扬快乐。我们的班主任贺月莲老师看起来凶巴巴的，实际上，她自带人妻傲娇属性，什么事都为我们着想。所以，惯出来了我们这一群爱开老师玩笑的活宝。也就是因为这样，老师和我们的关系非常好，这很重要，老师哪天心情好就教授你更多知识。当然，我们也可以"静若处子"。一旦开始学习，大家都全身心投入，听讲时认真思考，讨论时热烈有激情，讲题目时条理清晰一丝不苟。大家都很大方，不会有什么藏着笔记本不借给同学看的情况，互相交流和学习才能使整个班进步。

由于老师要我们写什么学习经验，我却扯淡扯了那么久（其实上面也有一些学习方法啦啦啦），现在不得不扯到正题上来。

•计划和坚持计划：用一个记事本记下你每天要完成的事，不要贪多，量力而行。完成后画个勾，做这个事情会让你充满信心，你每天都学习了新的知识。在计划过程中，确定自己学习的频率和持续时间，我们的课程比较多，在某门科目上花费的时间因人而异。

•让学习多样化：就比如学习英语，你可以看电视新闻，可以阅读你感兴趣的文章，还可以用10分钟写一篇文章来记忆几个单词。

•笔记：拥有几个笔记本会让自己很有成就感，尤其是字很漂亮的同学。高中期间我觉得有几个笔记本必须拥有：错题本，笔记本，单词本。单词本就不说了。错题本不光是数学，我有个文综的错题本。题目不是很多，但包括了难题，和一些我们常忽略但考试常考的知识点。我的笔记本很丑，因为字很潦草，笔记本上的字不需要多工整，自己看得懂就行。老师PPT有的内容上课不用狂抄，你先听懂，下课再整理笔记会更有效率。

•背书：对于文科生，背书实在是太重要了。其实背书没有我们想的那么难，当然也不容易。拿政治来说，先背目录，一定要背得滚瓜烂熟。每一章节你都要做一个总结，一般老师会帮你们完成这件事，但我建议自己花时间做总结，这样你的印象更深。然后再背细节。划重点了：一定要重复！重复的频率自己决定。

最后，想跟学弟学妹说，放松放松，保持良好的心态，多想开心的事，和自己喜欢的人一起学习玩耍，和自己比较，不要在意成绩一时的起落。"一辈子都要和别人比较，是人生悲剧的源头。"懂了没？

祝成绩好的同学继续保持，祝和我一样是小咸鱼的同学们翻身成功！干巴爹！

你不知道的事

中山大学　人类学专业　朱　丹

也许你听说过株洲二中，听说她是株洲最好的高中，教学设施完备，校风学风优良，师资力量强大，拥有一批优秀好学的学生……

也许你也知道二中风景有多美，食堂天下第一好吃，宿舍分分钟秒杀很多大学……

知道株洲二中的人，一定还听说过一个响亮的名字：贺月莲！作为一个十分有资历的英语特级教师，在校20多年，致力于教学，关注学生成长与未来，桃李满天下，多少状元才子受过她的教诲，多少奇迹由她带领缔造，比如我们的1401班。

你知道的这些一点都没错，但是你不知道的株洲二中，你不知道的贺老师，你不知道的1401是什么样的呢？

1.我们有一个十分灵通的校长信箱，觉得有什么合理的需求，或者不好的埋怨，那就写吧，一不小心就实现了呢。于是我们争取到了高三的运动会，下一届的同学出远门旅了游，食堂阿姨抖勺的现象被"曝光"……

2.不知道二中校霸也就是一只白底黄花狗还在不在，曾经它每天漫步于二中校园，它不怕我们，我们也不怕它，它会跟着你想要吃的，然后你会忍下心分一点自己的早饭给它。

3.贺嘉湖旁边的回音壁真的很好玩，高三上完体育课就去遛一遛，贺嘉湖的木桥曾经是石子路，因为洪涛老师某日落水而建议改建……

莲子姐呢，看着是个严师慈母般的样子，也确实是这样，学习上管的严但也适当放松，还常常和我们讲述做人的道理与爱的心灵鸡汤，但是你不知道她是个可爱得常常让人忍不住发笑的老师。时不时讲述一下她在大学里面的甜蜜故事、儿子的成才经历与自己的优秀学生，高三高考动员的班会上陪我们唱了一节课的歌，上课常常忘了带一些重要东西，低头看手机的样子真的十分可爱，高三还为了我们跑到南岳、跑到韶山为我们祈福……然而，在四楼的我们听到她噔噔噔的上楼声还是被吓得赶紧乖乖学习……

除此之外，我还想说，易女神是真的很会策，小飞老师是真的很敬业，邱女神是真的很可爱，许女神是真的很仙，而我们的涛子洪老师真的才华横溢。

我们1401班呢，可以说是一个神奇的班级了，其浓郁的学习氛围、完备的电子设备自然不用说，而1401带给我们的远远比这些重要得多。高三的班级，学习气氛可能是压抑的沉闷的，而到了高三，我们大家似乎也更加懂得珍惜，现在想来高三的所有苦似乎都已经忘了，剩下的，全是我们一起玩耍的快乐时光。我不知道要如何介绍学习经验，因为觉得自己说刻苦也比不上人家，高三早自习进教室人都已经快坐满了，只好悄悄溜进教室怕被骂。说学习基础知识储备也比不上人家……但是，自己觉得最重要的是高三每天都过得很充实快乐，真正在学习上自己一定是高三的反面教材，但是高三如何快乐学习，劳逸结合我还是很有话语权的。即使有做不完的卷子，运动会大家还是悄悄溜了出去，然后一不小心拿了集体第一，很感谢跑3000米的时候陪我跑步，为我加油，为我捶腿的小伙伴们；体育课最积极的一定是我们这群人，几个女生跑到操场疯狂的踢球，回来一个个满头大汗满脸通红不能专心上课。下课从不闲着，不如洗个苹果接个水，晚上课间不如玩个游戏踢踢毽子；晚自习写作业写烦了就去操场跑跑步。偶尔兴致来了，不如去绿色网吧看个电影逛个微博……在教室大家也总能制造一些乐事，因为我有一群超级可爱的同学，他们智商高、情商高还自带搞笑气息，上课也变得活跃好玩。

高中的回忆太多，每一件都值得珍惜留念，却也无法全部道来。觉得1401像家一样温暖，每个人都善良可爱用心的当着班级的一员，嗯，我们一定是最棒的，我们真的是最棒的。

最后，本文纯属纪念，请勿模仿反面行为。

愿与诸君，逆光飞翔

南开大学　经济学类　谢　芳

高中三年，于我而言，是平淡而又不失精彩的。在二中的三年，我收获的不仅仅是知识、父母老师的关爱和同学之间最纯真的友谊，更有在各种磨炼下自己心智的成熟和意志的坚定。为了最后的高考，三年里我们也曾迷茫，有过太多的辛酸，但当高考结束，我们踏入一个新的起点再回首过去的时候，我们会打心底感激那段艰难的日子和那个永不放弃的自己。我想，经历过高考的我们，人生会更加完整。

以下是我在高中学习过程中的个人感悟，希望对学弟学妹们有帮助。

1.请相信自己的潜力无限

我初中毕业于一所普通的中学。刚进入二中时，自己在班里成绩平平。那时我觉得周围都是大佬，自己平凡地混过三年，高考有个一本的成绩就满足了。当我把这个想法告诉我的一个同学时，她没有直接回应我，而只说了一句"我不这么想，我不希望我的高中和我的人生都这么平凡。"她也毕业于普通中学，当时和我一样成绩平平，但她那种干劲点燃了我的斗志。高一的一年，我们俩不知未来是怎样的，但从未以此为理由而放松学习。我们会选择早点去教室早读，自习到很晚再回寝，周末有时也会留在学校，我们在相互学习的过程中也相互竞争。

高二的时候，文理分科，出乎意料，我们惊喜地发现自己被分进了贺老师班。高一时的坚守和自信在这时都得到了满意的答复。这次，面对一群更加厉害的大佬时，我也不再妄自菲薄和自惭形秽，而是相信自己的潜力，奋勇直追，缩小与学霸的距离。

讲这些，其实就是想强调无论现在的你在哪个年级，哪个班级，成绩如何，都要相信自己的潜力无限，而不要思维定式觉得自己不可能。你的潜力是要靠你自己去挖掘的，要用实践去证明的。要知道，黑马年年都有，怎么就不能是你？

2.方法、态度两者同样重要

众所周知，良好的学习方法会使我们的学习事半功倍，而怎样的学习方法最适合自己呢？其实，我相信大家在向老师讨教和同学探讨过后，一定也知道很多的学习方法，但重要的是我们有很好的去践行吗？有一直坚持吗？如果对于一个方法我们没有长时间的坚持，其成效往往是不明显的。同时，掌握了好的方法，积极的学习态度就真的是不可缺了。"仰望星空"很简单，但一直做到"脚踏实地"确实不容易。这也是对我们意志力和自制力的考验。同时，要知道我们要的不是每时每刻的学习，而是学习时的每一分钟都有其意义和价值。学习累了，不妨看一看闲书，心烦意躁时，不如去操场跑几圈，但是自己一定要有时间概念。

最近正好看到了《超级演说家》的冠军刘媛媛对"学习能力"的定义，个人觉得很有道理，就以图片的形式分享给大家。

尼采曾说："一个人知道自己为什么而活，就可以忍受任何一种生活。"在经历高考的这个过程中，自然有许许多多的磨炼，我们有时会觉得压抑，被时间赶得喘不过气，但坚强而又目标坚定的我们在迈过一道道坎时，心中也会多几分明媚的阳光。也许我们会抱怨：学了这些知识终究会忘，高考的意义何在？再次回首时，我们会发现自己在这个过程中慢慢积淀了许多东西，而这些正是高考所要给予我们的宝贵财富。当我们迷茫、颓丧时，不妨把眼光集中到比自己伟大的事物上。当我们努力成为民族的脊梁，能担得起肩上的责任，挑得起时代的重担，义无反顾地走在风霜刀剑里时，我们的脚步也就更加坚定而有力量。无论是在高考路上，还是人生道路上，我一直相信——"只有内在真正丰富的人，才能摆脱这些生活表面的相似。"

愿我们都能成为这样的人！

阳光正好，夏花绚烂

中国社会科学院大学　行政管理　刘东哲

那年毕业，高中的最后一节课，下午金色斜阳穿过教室的窗户，夏日的暖风拂过，窗帘微微摆动，美好的柔光打在每一个人身上，"营养快线"配色的校服泛起阵阵光芒。临阵高考的我们，依旧绷着弦，紧张地捕捉从老师嘴里冒出来的每一个关键词，来不及去多想那略带苦涩的分别。

那年夏天阳光很好，门外草坪上的花儿开得格外绚烂。

高考的前一个星期，我们班主任贺老师组织班上所有老师、学生和家长进行了一次大聚餐。那是一次很独特的聚餐，家长们提前在家里做好几样拿手的饭菜，带到学校的工会活动室，摆好在一张长长的桌子上；当最后一节课的下课铃响起，我们蜂拥而至，拿起碗筷便开始肆意放纵自己的胃口，这儿夹一筷，那儿尝一口，不错过任何一家的美味；塞满百余人的活动室充盈着欢声笑语，我们走走停停，看见镜头便摆好姿势，定格了无数灿烂的笑脸。那天晚自习，撑得饱饱的我们嘴角还挂念着饭菜的香味，简单而极致的幸福萦绕在每一个人心头，以至于桌前成山的试卷也似乎不再烦人，高考也不再那么令人恐慌。

在高中，日复一日的学习模式很容易让生活变得枯燥无味，所以让自己快乐，哪怕是简简单单的会心一笑，也是弥足珍贵的；而只要你用心，这些快乐可以来自四面八方。

我很感激我们的班主任贺老师——大家都亲切地称呼她"莲子姐"——紧张的高三时期，莲子姐组织了不少让我们"暂时逃离学习"的活动，比如春天带我们去公园进行的野炊，考前利用班会让我们放声歌唱来释放压力，还有上面提及的长桌宴，这些都让平淡无奇的生活激起了涟漪，置身其中的我们每次都好像返璞归真了一样，收获了不可估量的快乐。贺老师平日里对我们很严格，她那出了名的霸气和大气也无时无刻不感染着我们，每天的早读必须听到每个人大声地朗读，于是你会看到，清晨的实验楼几乎每一层都被1401的同学占领，你会听到此起彼伏的语文英语政史地的知识点回荡在楼间，和着啾啾鸟鸣，这道风景线很宜人。

快乐来自融洽的师生关系，除了莲子姐，我们还有着五位可爱的老师，他们重复着那些不知重复了多少次的工作，孜孜不倦地传道授业解惑。文综三女神自带幽默光环，总能让我们脸上带着笑度过每一堂课，即便是困倦的午后，也有各种玩笑把瞌睡中的我们唤回来。数学小飞老师总是近乎执拗地要求着我们和她自己，不论题目难易都要书写详细的解答过程，对于那些让我们抱怨不堪的纷纷试卷，她同样一丝不苟地全部做完，每堂课上工工整整的满黑板的板书，我们收获着，也感动着。记得有段时间我在数学方面遭遇了瓶颈，我苦恼而郁闷地去找小飞老师谈心，她听罢并没有提什么建议，只是柔柔地说："你要再努力些，可以成功的。"我一时不知所措，只是傻傻地咧开嘴笑，看着桌旁长得旺盛的绿萝，点了点头。现在想起来，小飞老师轻描淡写的一句话给了我多大动力，虽没有什么实质上的内容，但却像一盏明灯，在我之后再次碰到瓶颈时远远地悬在我脑海里，连着那日生长得朝气蓬勃的绿萝，让我振奋起来，反复推算后终于实现了突破。

随着日子变得越来越单调，变成单一的重复，当一天又一天抽象成写得密密麻麻的答题卡和草稿纸、黑板上擦不干净的算式和习题、老师声声关切的叮嘱和飘浮在空气中窸窸窣窣的粉笔灰时，快乐似乎离我们很远了。但是，每当我从乱七八糟的纸堆中抬起涣散的目光，看见一个个跟我穿一样的衣服、跟我一样姿势的身影，瞥过头去，看见那张日日相处熟悉而亲切的面孔，我就明白了自己不是一个人在战斗，我还有跟我站在同一条战壕里的兄弟。每一个人都把梦想小心翼翼地藏在心底，然后暗暗地尽最大可能地努力着，我看得见我的同学们还有我自己在这一天天的质朴的努力下取得的进步，漏洞不断补全，成绩也在一点点地攀升。虽然我们深知高考就是一座独木桥，日夜相处的我们彼此间有着激烈的竞争，但这丝毫不影响我们的感情——我会记得在课上你们毫无保留地分享自己的思路和答题方法，记得白天课间你们不厌其烦地给我解答疑惑，记得体育课上你们踢足球踢得不亦乐乎，记得有时因为太忙让你们帮忙带晚饭后的欣然答允，记得晚自习课间你们忘乎所以地尖叫着踢毽子，记得我们的专属自习室时不时传来歌声，记得每一次月考前互相的鼓励和拥抱……而每天与我贴得最近的那几个人，就更不必说了，一些儿时的小游戏成为彼此娱乐的家常便饭，很多笑话说来说去依旧能把我们逗乐，有时候因为一个毫无由来的笑点而发笑，然后这笑开始传染，我们笑得发自肺腑，笑得荡气回肠。我自己也搞不明白，都已经成人了的我们怎么这么容易满足，笑起来怎么这么歇斯底里。

虽然这名义上是一篇介绍学习经验的文章，但在我看来，学习方法是要因地制宜的，学习体会每个人也都是不一样的，因此我也没有赘述。但学会让自己快乐却是每一个人都能做到的，老师、同学还有背后的家人们都是一个个太阳，只有在独自学习之余学会和他们相处、统一战线，从那里汲取阳光，让自己心头永远洋溢着温暖，才能在6月绽放最好的自我。

那年6月，阳光正好，每一朵花都尽情绽放。也许不是每朵花都美丽得惊天动地，不是每朵花都香艳得惊世骇俗，也并非每朵花都能结出丰硕的果实，但他们经历了刻骨铭心的风雨，得到了阳光的滋润，都开得那样绚烂。

一切才刚结束，一切才刚开始

华东师范大学　　新闻传播学类　　张馨方

犹记高二那年那天，头顶晴空透蓝。五月的风牧着一群云，翻过一座一座教学楼。

我和一个朋友吃过饭，正往教室里走，路上看见许多大我们一届的、即将迎来高考的学长学姐们。朋友说："他们都好淡定啊，感觉他们都没有多紧张。"我对朋友说："我都不知道我到了明年的这个时候会是什么样子。哇，觉得都无法想象……"朋友沉默了好一会儿，最后轻轻吐出几个字："没有什么是无法想象的。"我看着她，她双眼坚毅，有光。

是的，没有什么是无法想象的。不管我有没有准备好，高三，就这样来了。

高三并没有想象中那么惊心动魄，甚至可以用"平淡"来形容——日复一日地做题、背书。不过高三比我想象中的更可爱：每天晚自习都有家长带小零食来"慰劳"我们这些在题海里挣扎的同学们（结果我的体重就在高三达到了最高峰）；高考前几周班主任贺老师开了减压会，全班一起高唱各种各样的歌，相互开玩笑，于是压力就被笑声逼到了角落。高三苦甜交织，紧张充实，很锻炼人，我在这一年里也有很多感悟，很高兴能在这里分享些。

"花开堪折直须折，莫待无花空折枝"的觉悟

十七八岁的年纪，不正是拼搏的时候吗？此时不在学习上压榨自己，更待何时呢？

一定要注意跟着老师走，认真落实错题。拿数学来说，我之前总想着去做自己买的课外习题，但因时间精力有限，到最后其实我只不过是在不断

重复做我已经会做的题目，并没有花时间去好好消化自己不会的错题，只是制造了一个"我做了很多题目"的幻象来安慰自己而已，而这样的努力是无效而且浪费时间的，也是需要警惕的。其次，身边比我努力比我优秀的同学有很多，他们都会提前做计划，利用好白天的每一分钟，大部分很少熬过零点。我记得当时我有一段时间的规划大概是每天跑步去食堂吃饭，下午下了课跑步回去洗澡，之后一个人跑去图书馆刷半个小时英语或者数学题，再一边跑回教室一边啃晚饭，课间的时候要么去问清楚一两个问题，要么就做一点作业。这里也只是举个例子，总之应当根据自己的实际情况去规划，并且要在不同的阶段进行相应的调整。在这一年里，不能放过自己。

另外在问问题这一方面，要注意讲究方式方法。拿去问老师的最好都是自己和同学都无法解决的问题。能自己翻书、查资料解决的问题就不要再拿着去问老师了。可以多问问同学。好多问题同学都已经去问过老师了，又因为是站在学生的角度去想问题，所以同学的讲解有时比老师的讲解相对来说更容易理解些。（不过也要注意不要占用同一个同学太多时间！高三时间宝贵大家要互相理解）当时我们班的同学都会互相问题目，有的时候会为了一道题争得几乎吵起架来。非常感谢当年每个花时间向我讲题目的同学。有一回我拿着题目去找一个坐在远处的好朋友，并说："哈哈哈我又要来bother you了。"她笑了，说："不是bother，是help each other。"当时我是真的感动得快要哭出来了：身边的大家都是你的战友。你确是一个人在战斗；你又绝不是一个人在战斗。

最后要记得及时反思总结。每次周考、月考过后要去分析自己错的题目暴露了自己的哪些知识点的不牢固，发现了薄弱点之后不要放着就不管了，而是要花时间再去看看书中相应的知识点或者是做做同类型的题目，这样才是有效的反思，才算是"落实"。

很多东西看起来没什么特别的，但要自己去真正落到实处还是一件很有挑战性的事情，我自己也很难一直坚持。我会沮丧、会懊恼、会害怕，但在一次次挫折后我逐渐拥有了重新开始的信念和勇气：谁都一样，一边燃一边丧，一边怀疑一边信仰。

"回首亭中人，平林淡如画"的坦然

除了学习上的落实之外，最重要的便是心态了。高三的压力比较大，难免会有负面情绪。我自己在这一方面也是调整了很久才调整好，这也是我最大的收获之一了。

情绪没什么波动的时候，每天早上出门时我会给自己一个微笑，告诉自己新的一天要好好加油（积极的心理暗示很重要）；晚自习的课间常常是一个人跑下楼，一边四处散步，一边自言自语，或者和父母打电话，说说自己最近的收获和困惑。觉得累的时候就去操场跑个几十分钟，一圈一圈慢慢地跑，什么也不想。另外情绪有极大波动的时候，通常是我考试结果不好的时候。我宣泄情绪的办法很简单，也很蠢，就是哭。找个没人的地方哭成一个傻子，一边想要放弃一边又不甘心：坚持固然是难的，可放弃就容易吗？已经走到这一步了啊，就这样放弃吗？就这样庸碌一生吗？这就是你想要的生活吗？不行啊，摔倒了不自己爬起来难道还等谁来踩你一脚吗？你想要的只有你自己能给自己，能救你的也只有你自己。起来吧，继续走，当你滑到碗底的时候，往哪里走，都是向上。

还记得有一次月考我考得特别差，大概是班上倒数的样子，很难受，实在没办法自己调整心情，于是写了封信给贺老师倾诉了一下。后来被老师找去谈话，我很不好意思，只是低着头，贺老师问了一些具体的情况，最后突然停了一下，说："贺老师相信你。"这几个字说得很轻，但是于我却是一股巨大的力量，足以平息我翻涌慌乱的心。在我自己都不相信自己的时候，这样的信任，对当时的我来说，就是一种救赎，我没有理由去辜负。我就这样突然平静了下来。整理好情绪之后，像什么也没发生过一样，回到教室接着整理错题，查漏补缺。该做的事还是要做，只哭是没有任何用的。

越到高考的时候越是要心态平和，到了这个时候大家复习的程度都差不太多，感觉这个时候拼的就是心态。高考的那两天，我的情绪异常平稳。我对自己说："这是你人生中最后一次月考了。以后再也不会有月考了，好好写吧。"我把自己安排得像在进行普通的月考那样：住在学校里，和最要好的朋友一起吃饭聊天，吃点自己最喜欢的零食，睡前翻翻笔记，11点上床睡

觉。最后一门英语考完，走出考场的感觉真的很奇妙。结束了？再也不用来学校了？再也不用做文综了？寝室里、家里堆的那些山一样高的资料，都与我无关了？当我第二天在家里清理那些卷子和习题册的时候我才感觉到，过去了，真的过去了。这一页真的翻过去了。

最后虽然差了六分没能去到憧憬已久的大学，但我已经很满足了。也是运气好，高考考出了我三年的最高分，我已经竭尽所能，没有遗憾，不后悔。真的感谢，当年那个傻气又倔强的自己，和她的全部努力。改变我的不仅是高考，更是高三那一年。那一年里学到的所有，定能帮助我在未来的路上走得更远。

我一直相信着：高考在那一天结束了，但我的人生彼时才真正开始。

高考这件小事

中国政法大学　社会学系　尹祎达

转眼间，高考已过去六个月。2017真的是很神奇的一年，上半年的冬季我还在堆满了书的教室里埋头刷题，下半年的冬季我就只身到了另一个城市，开始了截然不同的生活。我的高考成绩虽比不上各路大神，但也算对得起自己。比成绩更重要的是，我有一个十分"逆袭"的高中生活。

我不是典型的优等生，刚入高中的时候，我在班里也只是一个成绩并不突出的学生。高一虽然没有做与学习无关的杂事，但心思也绝对没有100%花在学习上。对自己的要求之前一直是中等偏上就好，总觉得那些"第一"与我无缘——我既没有天分，也觉得没有必要去努力。那时候"高考"真的对自己来说是一个很远的事，我"自信"地以为，我读的是这个城市最好的高中，这一切都会自然地改变，到高三时我的成绩自然而然就会有一个好的结果。

可奇迹并没有"顺其自然"地发生。

到高二分文理科时，我选择了文科，之前就听闻，分科分班就决定了高考。虽然我向来是不信类似的"决定论"传言，但心里也有所忌惮。那一刻感觉自己原本幻想的高三应有的情况全都崩塌了，一种焦虑的情绪油然而生。所以从高二分科起，我开始认真思考关于学习这件事。我开始刷题，开始泡教室，开始下课追问老师问题，开始认真地用各种颜色的笔在书上做记号……这些的确起了作用，到高二时，我成绩基本在全班第一。那一刻，我终于明白了什么叫做"学习是自己的事情"，只有你意识到了这一点，你才会寄希望于自己而不是别人，这种内心的力量真的能支撑你实现你想象不到的事。

到高三时，奇迹发生了。我通过微调来到了1401这个大家庭。之前只听说1401是个很风云的班级，都是超级学霸，我甚至能想象到在那个教室里大片大片的人成天埋头刷题的场景。所以听到自己要去到那个班，我是做好了充分的心理准备，准备接受大神的打击和"凌虐"。

然而，事实并非如此。

1401比我想象中要活泼许多，没有我想象的那种紧张的氛围。再加上1班的班主任贺老师对我关照很多，这对我去适应新环境也提供了很多便利。如果让我来形容这个集体，那它必定是个性的。1401没有谁是谁的复制品，甚至你找不到完全相似的两个同学。每个同学都有自己的特色，而且在生活上的情商也非常高。还记得我刚来1班时，因为之前进度不同，1班上课速度又很快，我跟不上，就只好下课多花时间。好几次都不顾吃饭地在看书。班上的一个同学见中午我常常不去吃饭，就把自己的饼干、牛奶都给了我，并且留下了非常暖心的纸条。我现在都还记得我看到桌上摆着的那瓶牛奶和饼干时，内心仿佛抓住了一根救命稻草般的感觉。之后在学习过程中，习得的最重要的一点就是：方法才是王道。之前我以为，只要花时间，没日没夜的刷题，就可以取得好成绩。事实上我也这么做了，但并没有取得预期的成效。我开始观察这个班各路大神的学习方法，惊奇地发现，他们之中，有相当一部分人是并没有花很多时间，但也能取得好成绩，也就是效率很高。同样是背书，有些人一定要默念默读才能背出来；有些人是在纸上画画框架，理解一下就能背出来；还有些人并不刻意背书。这完全打破了我以前认为的背书就一定要大声读才能记住的逻辑。这也传达了一点：为了达到同一个目标，我们完全可以采取不同的方法，只要你认为适合你，有效果，就去采用，千万要多去尝试，不要吊死在一棵树上，然后产生否定自己的感觉。

在1班的第二个感触是，心态真的要好。一般我们认为，成绩好的同学会因为太在意自己的成绩，而心态不好。但事实上1班的很多学霸不仅发挥很好，面对学习上的挫折时心态也非常好。每次考试成绩出来以后，即便有人成绩有浮动，也只是打趣地自嘲一下，然后投入新一轮的学习。这样的反思才是有效的。越是面临大考，越是要放平心态。实力是不会有太大变化的，唯一影响发挥的就是我们的心态。记得我高考前最后的三次模考一次比一次考得差，要是换做其他人，一定有人会崩溃。但我想的就很简单，考试内容就那么一些，考点老师都已经讲过了，所以一定是我哪个部分还没有搞清，或是由于我考试技巧不对而造成失误。于是我每次都很认真地分析自己的试卷，终于发现了自己在做题过程中的一些问题，然后慢慢在平时的练习里去有意识地克服。到最后的高考，我把这类错误降到了最小化，成绩也基本能反映我平时的能力。

接下来想说说贺老师。贺老师就像一个常胜将军，执教多年，经验丰富。贺老师总能在我们最迷茫的时候，给我们指示一条明路。她与其他老师不同的地方在于，很多带毕业班的班主任只一味地注重对班级施压，却不知道有张有弛才能达到最好的效果。我记得高考前的一次高考动员班会，当时离高考也不到一个月了，贺老师没有强调要我们认真复习，反倒是把时间留给我们，大家一起唱歌，就像开了一个party一样。我现在都还记得那一天的气氛，一群奋斗者好像突然忘了原本要奔去的目标，大家在一片尽兴中欢笑，我想再也没有哪个老师敢在高考前如此大胆地让学生们"放肆"一回了。喜欢贺老师，就因为喜欢她的大将之风，喜欢她总能看穿一切你的小心思，能及时让你悬崖勒马。遇见这样一位老师，实在是幸运。

面临高考，很多老师都开始给我们打"鸡血"。到了高考前一个月的时候，内心真的很迷茫，一下子觉得自己哪里都考不上，一下子又觉得信心爆棚，清华北大不是梦。我尤其记得我高二的班主任对我们说过这样的一句激励语："高考一定是你考得最好的一次！"之前觉得老师是在安慰我们，可事实证明，我的高考的确是我考得最好的一次。各位学弟学妹们对待高考这件事，不必太过心急，踏踏实实，脚踏实地，掌握调整心态和学习方法的技巧，高考一定会回报给你不错的结果。

多元探索 张弛有度

中南财经政法大学 经济管理实验班 刘 洋

现在回想起我的高中岁月，真是百感交集，幸福与快乐的回忆多停留在高一高二，高一暑假去攸县搞社会实践活动，与同学们野炊，犁地，划船，摘西瓜，盛夏的傍晚在乡间散步；高二参加中日高中生交流活动与小伙伴们去日本学习了两个星期，这些典型青春时代的快乐到了高三已被沉重的学业压力和过高的自我期许所湮没。自从高二进入文科班学习后，我的成绩一直在年级中属于拔尖的水平，这在给我带来自豪感的同时，也给自己带来了无形的压力，以至于到高三对待学习逐渐失去纯粹的初心，演变成功利与极端的状态，终于在最后的高考中物极必反，发挥失常（只考了628分）。至今回想，发现这些应主要归因于性格因素，性格影响思维和观念，思维和观念影响行为，而性格又受成长环境的影响，所以也没什么好后悔的了，每个人都会经受人生中的坎坷，一味沉湎于过去有害无益，不如总结教训，卸去昔日那重重的行囊，重新出发。同时我也清楚，与我情况相仿的同学从前有很多，今后也不免会出现，每个人的路都只能由自己去走，去探索，去感悟，但我还是希望学弟学妹们不要走太多弯路，故从三个方面谈谈高中学习与生活的体会：

1. 用一个字来总结我高中时的学习经历，就是"累"，始终没有找到适合自己的学习方法，学习知识十分琐碎细化，还喜欢搞"题海战术"，做了很多无用功，走了太多的弯路，没有注重能力的提高，过于在乎知识的全盘接收，结果非但主干知识没有掌握到位，反而把思维弄乱了。高考是一次选拔性考试，不同于水平测试，注重对知识的灵活运用与分析和解决问题能力的考察，所谓"学在课内，考在课外"说的正是这个意思，因此在高中阶段一定要找到最适合自己的，高效的，系统的学习方法，在基础知识扎实的基础上注重能力的提升。

2. 高一时不要太注重分数，注重素养的培养与能力的提升，高一闲暇时间较多，可以多阅读课外书籍，尤其是文学经典。同时，还可以多练字，多参加体育锻炼，多花点时间在自己的兴趣爱好上，去参加感兴趣的社团活动，与不同的人交流，所能获得的不仅仅是眼前的一些东西，更有多元化的思维与开阔随和的心胸，使你在遇到困难，遭受瓶颈时不至于走进死胡同，拥有更强的调适情绪的能力。这些看似与学习成绩没有关系，但实际上有着很深的辅助作用，比如练得一手好字在考试中的优势不言而喻，多阅读书籍会促进理解能力的提高，而强健的体魄与良好的心态更是应对高三各种身体与心灵压力的必需因素。功利其实在一定程度上是一种短视的行为，厚积薄发才是健康持续发展之道，无论是对于学习还是生活中的其他方面。

3. 即使在高三，也不要将所有时间都用于学习，兵强则灭，木强则折，物极必反，一根弦绷得过紧容易断，劳逸结合才能长久，保证生活作息正常化，适当放松自己，外松内紧。保持平和的心态，不要过于注重平时的考试成绩。学习时不要想太多，享受过程，不问结果，不患得患失，不念过往，不畏将来，专注于脚下的道路。

我的旧时光

华南理工大学　金融学　方希婧

那些过去的时光，统称为旧时光。不知不觉，高中生活也已成为了旧时光。说起高中生活，肯定有刷不完的题，睡不够的觉，拿不到的分，学校发下来但是永远用不到的书……每个人的高中生活其实都大同小异，或是自愿，或是在家长、老师的督促下将大把大把的时间用来学习，望见窗外的阳光灿烂却只能低头继续梳理知识点，看着越算越奇怪的数学数字只想放弃，却不得不拿起笔从头再算一次……但那个时候的日子，每天忙碌而充实，简单而纯粹，日子像流水一样匆匆流过，我们与高考渐行渐近又渐行渐远。如今想来，甚是怀念。

关于学习，从高一开始我也从来不是成绩突出的那一个，在高手云集的世界里苦苦挣扎，逐渐发现其实跟自己比就好。总有人让我们学习成绩优异的同学们的学习方法，但适合自己的才是最好的，需要在一次次摸爬滚打中自己发现，自己坚持。我是一个从小就没有什么远大理想、远大目标的人，小时候总有人问关于梦想的事情，我也从来答不上来，但这不影响我做到更好。我觉得，如果还没有想好未来，那就继续往前走，什么事都努力做到最好，积累自己的资本，当有一天有了自己想做的事情，手里有了足够的资本就可以朝那个方向努力了。其实也不用马上给自己立个什么目标，说我一定要上××大学，只要把现在手头上的任务做好，努力做到更好，考到足够高的分，再做下一步规划。学会活在当下，才能过得更精彩。

关于压力，我们总被这样的言语吓到，说高考多么多么重要，具有决定性，身边也总是有些过分努力的同学，无形中给自己造成了很大的压力。其实不管是在哪个阶段，压力总是如影随形，总要给自己一点压力让自己有努力的动力，长辈们反复强调高考的重要性，也不过是提醒我们要重视这次的考试，而不是因为它过分重要而活在它的阴影下。我至今都很幸运，自己是1401班的一分子，遇见了那么多真诚而可爱的同学，询问问题总会耐心解答，相互帮助，有虽然严厉但时刻关心我们的HOT，有每节课会坚持写满一黑板工工整整的板书每天都布置批改作业极其认真负责的小飞老师，有总是鼓励我们反复解答我们每一道题的萌萌的邱老师，有思路清晰给我们列框架还会在上课讲冷笑话的段子手易老师，有总是笑着的让人看着就很心情舒畅的女神徐老师，还有风趣幽默的洪老师。即使是高三，班上也洋溢着不过分紧张让人舒服的氛围，每天都在欢笑中度过。该玩乐放松的时候就开心地玩，该认真学习的时候就好好学习。适时地放松能让学习更加有效率。有人说我们是最浪的创新班，确实，丰富多彩的课余生活我们也一样没少。还记得临近学考，学习任务繁重的时候贺老师带我们去春游去烧烤，引得其他班甚是羡慕纷纷效仿；高考前的一个月，还举行了百人大会餐，每个家长都带着自己精心准备的佳肴和大家分享，场面甚是壮观；高三下学期，家长轮流守晚自习，也总是会细心地给每个同学准备好吃的，弄得晚自习总是出现一阵阵骚动，引来年级领导，被拉着一起吃，也被温暖到。在这样温暖的集体，大家一起努力相互鼓励的感觉真的很好。我们总说高三苦，比起没有压力的安逸生活确实很苦，抓紧一切时间学习，课间也拿着背诵资料希望能多记一点，寝室像是旅馆，早出晚归，倒计时字牌上的数字从三位数到两位数到个位数越来越少，成绩却还是漂浮不定，心也跟着起起伏伏，但是当时身处其中的自己也并没有觉得多辛苦，因为有大家陪着，同学老师都在身边一起努力，每天进步一点点，查漏补缺一点点，也不会觉得有多难熬，日后想起来也是一段珍贵的岁月。现在的自己，每每想起我们的1401，总是十分骄傲。文明示范班级，卫生示范班级总有我们的名字，成绩也总是拿第一，高二的话剧表演我们班还拿了一等奖；高三的校运会，作为班上只有七名男生的文科班，竟然拿了团体总分第一名，让全年级都震惊，最后的高考也不负众望，50多人都上了一本，作为贺老师的学生，让优秀成为一种习惯。

感谢高中时努力的自己让我有机会在好的大学认识更多优秀的人，感谢那些在我的旧时光里出现过的人充实丰富了我的高中生活，感谢那些温暖而可爱的同学让我在紧张的高三也感到欢乐舒缓了压力，感谢一直鼓励我们的老师让我们都努力成为更好的自己。

当我在学习时我在想什么?

华中科技大学　对外汉语　陈　苏

上大学体育课的时候，老师教我们怎么样长跑，他提到了一个词——配速。配速是马拉松运动中常见的一个专业名词，是指每公里所需要的时间。马拉松运动讲究匀速，在匀速的状态下才能更好地发挥自己的实力。许多马拉松选手很注意控制速度，他们根据自己的万米成绩乘以马拉松耐力系数，算出自己的马拉松预计成绩，再把马拉松成绩对应配速，努力在整个过程中以这个同样的配速来跑。

那么你现在的"万米成绩"是多少？你的"耐力系数"几何？"预计成绩"又是多少？最关键的是——你给自己设定的"配速"是多少？努力试着做一个匀速奔跑的人。很多人，包括我在内进入高三之后就忙忙碌碌，每天像上了发条一样机械运作，累到筋疲力尽还咬牙说不行，我还能撑。现在回想起来真是挺遗憾的，那个时候的时间质量挺差的。细想原因有四：其一，我没有弄清楚我到哪方面需要花时间，哪方面不需要进行重复工作，也不知道自己到底几斤几两。简而言之，我不清楚自己的"万米成绩"。

其二，我的高中三年虽然过得很忙，但是我没有足够的耐心与毅力，还缺少一定的勇气去面对高考这个难题，很多时候我都在逃避，觉得自己坚持不下来。总结就是，我的"耐力系数"不够。

其三，我现在就读于华中科技大学。在高考成绩出来前，我从来没想过我会取得这样的成绩，我一直认为自己是个成绩一般的学生，对自己很没有信心，从高考考场里出来后觉得自己只能去读普通一本了，结果高考成绩却告诉了我：我一直低估了自己。在进入华科之前我可是想着进四川大学想了三年啊，但我一直以为自己只有发挥得好才能进川大，没想到的是我高考正常发挥，分数就已经超过了四川大学。可以说，我一直给自己定了一个中规中矩的目标，没有给自己设置一个更高的、更有挑战性的目标，换言之，我没有给自己设定一个理想的"预计成绩"。

其四，我高一的时候没想过自己到底是适合文科，还是适合理科，没有目标，只是说先学学看看，结果一年下来都在搞理科，只有考试前两天翻翻文科书，但是最后文理分科时，老师发给我们每人一张自己这一年来的考试成绩单，我才发现在学习时间如此分配不平衡的情况下，我的文理成绩几乎一样！！！没错，进了高二，我只好乖乖地抱着书本进了文科班。高二的时候，进入正式的文科学习了，而我却不怎么得门道，每天学一点是一点，也没有及时弄清楚自己的优劣势，于是我就这样迷迷糊糊地进了高三。高三的情况就如上文所说了，不再赘述。说到现在，我相信你应该明白了配速的重要性了。

具体建议我就不多说了，请参照以上反例使用互斥原则进行实践。一个匀速奔跑的人生是很爽的。

这是我高中三年没有做到的，但也是我毕生努力的方向。

除开配速这个问题还想说的一点是时间管理，很多人觉得时间管理就是要把每一分每一秒用到位，要各种挤时间，还要想尽办法利用起自己的碎片时间。我见过太多这种人了，殊不知管理时间的本质是管理好自己的精力。时间固然重要，需要珍惜，但是请你回想一下你每天把自己的精力用在什么上面了，你的产出是否和你的付出成正比？我们应讲求时间的质量而不是时间的长度。

高考后返校趴在栏杆上，看见每间教室里那一个个奋笔疾书的青涩背影，我突然意识到了一点：所有的高中故事已经离我远去，我的高中是真的结束了，再也回不来了。我曾以为当我想起高中那一千个日夜我会感动得热泪盈眶，然而我并没有，我只是觉得，当初要是再努力一点就好了。当英语终考铃声响起时，所有的一切都是过往云烟，曾经经历过的苦痛、焦虑、难过，那都只是过去的事了。

过去与我无关，我只关心现在以及将来。

博古山下求学小记

广东外语外贸大学　翻译专业宗岱班　周白瑶

从二中毕业已经半年了，进入大学，我的生活和以前真是大不一样了。但是一静下心来写这篇给学弟学妹的学习经验之谈，博古山下的往事还是历历在目。我也从高中走来，知道学弟学妹们对那些泛泛之谈肯定没什么兴趣，所以我就尽我所能，写些有用的或是有趣的给大家一阅吧。

我一直觉得我是一个幸运的人：从景炎毕业能进入二中是幸运的；升入高二能被分入1401是幸运的；能在1401班学习，和一群这么可爱的同学们一起奋斗一起努力，是非常幸运的。我觉得我们班这种阳光、积极向上的生活态度和学习态度对我真的影响深刻，所以希望学弟学妹们也能明白，高中的奋斗绝不只是一个人的单打独斗，它也是一群人互帮互助，共同进步的过程。

高一至高二至高三，其实可以算作三个不同的学习阶段。高一尚且懵懂，要学习的科目也很多，但是肯定是课业压力最小的一年。我觉得各位学弟学妹们要在高一的时候就尽量培养自己时间规划与自我管控的能力，在学习与课余生活之中寻求一个平衡点，这对高二尤其是高三的密集型、压力型学习会起重要作用。高一一定要给各科打好基础，即便是将来你可能不会选择高考的科目，也要努力学习，不要轻言放弃，因为这将对你高二的学考起重要作用。同时，你也可以在一次次考试中发现自己擅长的科目，为分科作准备。高二则是至关重要的一年，你们既要参加学考，又要上完高中大部分的课程，还要参加各种竞赛，为高三申请自主招生做准备——作为一个过来人，我想告诉学弟学妹们，有些重要的比赛真的不要嫌麻烦，有能力一定要去试试。如果不成功，我们没有失去什么；成功了，我们则可以得到一些重要的奖项，不仅对自主招生大有帮助，甚至有的大学招收创新班学生时也要求在简历里写上过去曾获得的奖项，到时候，这些你都用得着。高三的重要性就不需我多言了，我只想强调一下，烦请各位千万不要忽视调节心理的重要性。你们可能已经听过很多人强调过这点，但八成的学生都会当作耳旁风，或者认为自己离情绪失控还相距甚远（我自己也有过经历）。但，高三的压力不管你们有没有察觉，就潜藏在你们每个人的心底，很小的事情都能成为你们情绪爆发的诱因：一次小考失利，或一道题解不出来，都可能会让你们难受的痛哭流涕。各位学弟学妹们，你们一定要学会调节情绪和劳逸结合。一时的情绪低落没有问题，但不要让自己一直沉浸在这种消极情绪里。你们有权利在难受或思绪停滞的时候放松自己：看看书，和同学聊聊天，说说笑话，或是做些运动互相逗乐——我恐怕高三最后一段时间里，每到晚自习课间休息时，我们班都是整栋楼里最吵的一个班级，因为女生们热衷于扎堆一起踢毽子，尖叫笑闹声真的是此起彼伏。可是我们开心，又有何妨呢？老师们知道我们是努力的，而努力累了稍微放松一会儿，这没有任何可指责的。我们班的整体心态就是很好，临近高考大家也是每天笑声不断，还敢毫无前因后果突然向老师们表白，告诉各科女神老师们说她们在我们心中最美。天，我真是爱惨了我们班的"厚脸皮"，还有谁的高三能比我们更快乐？

如果要详谈各科学习经验，我恐怕不如你们其余的几位学神学长学姐有资格。但是我有几点想说：第一，肯定有学弟学妹和我一样，数学成绩不太好。不如这么说吧，作为一个初中数学三年只打过两次A，其余时间总在B与C徘徊、高一数学从来没上过100分及格都算幸运的数学学渣，我高考数学能考110分以上，全靠一个法宝：刷题。感谢1401班美丽的数学老师彭女神，我跟着她两年如一日的每日疯狂做数学作业（不如说每日作业基本就以数学为主），强迫自己走出自己的comfort zone巩固强化自己，努力弄清楚每一道题的逻辑。尽管最后取得的成绩并不是一个值得说道的成绩，但绝对是对我自己的突破。希望能让各位为数学所困扰的学弟学妹们有所启发。第二，英语。区区不才在下，恐怕也只有谈英语时才略有几分底气。我知道，各位询问诸位英语学霸各种学习经验/做题技巧/语法问题时，得到的答案怕最多就是：靠语感。实不相瞒，确实如此，许多英语学霸其实怕是自己也对语法规则不是烂熟于心的（比如我）。那么这个语感到底怎样才能培养呢？很简单，听说读写，多练多读多听多写。英语是一门语言，语言起源的时候并不是先有规则的，而是人们说的多了，才有人整理了其中的规则出来。同理，你只有多听多看多读，对这门语言熟悉了，有语感了，有些句子或短语可以不经大脑脱口而出了，你才可以和它的规则建立一种好似冥冥之中的联系，那些看似杂乱无章的语法规则你才能真正运用到实处。不管是英语小白，还是英语学神，我建议是每天都要保持做一定的英语练习，结合语法学习与单词背诵，保持这种"熟悉感"，你才能在英语上有所进步。

写到这儿，已是深夜了，却惊觉自己有些难以停笔，大概是因为高中三年对我来说，实在是非常难忘，非常精彩的三年。

脚踏实地，祝君高飞

西安交通大学　英语系　苏安琪

很高兴能有机会静下心来好好回忆一下自己的高中生活，写下这些文字的时候好像是在和高中的自己对话。记得还在高一的时候，就有时候会想自己到高三会怎么样，但其实时间过得很快，一步一步就到了高三，也不必害怕，跟着老师的步伐走就好了。高一对我来说最重要的事就是文理分科吧，其中有一些纠结，一开始挺想选理科的，但到后来发现自己真的不适合学理科，然后就选了文科。可能有些人会认为学文科就是因为学不好理科，不够聪明。不可否认有些人确实是这样，但学文科也有很多乐趣，文科也有自身的魅力，我觉得我学文科就挺开心的。我觉得我的高三也过得很快乐，我相信我们班很多同学都这么觉得。有一群可爱，耐心又专业的老师和一群乐观又搞笑的同学。老师们真正的为你好，想让你学到更多东西，掌握更多考试技巧，况且，她们也不仅仅是传递知识，她们也会关心你的心情、你的想法。在大家错了很多选择题的时候，我们的历史老师邱老师会和我们分享她的做错的题目，还特别真诚的安慰我们，很暖心。在大家偷懒没背知识点的时候，我们的政治老师易女神总是苦口婆心地跟我们讲这些就像数学上的公式，不背就联系不了材料啊。地理老师许老师把每一节课都安排得很充实，感觉能学到很多东西。同学们也很乐意帮助你，不管是学习上、心理上还是生活上，有什么问题跟同学交流一下，心里总是好受许多。对于我来说，高中学习就是踏踏实实吧，尽量完成老师给你安排的任务。但到了高三，特别是下学期，就要学会取舍，因为卷子实在是太多了，你要学会挑着做，做自己还不太熟或不太理解的知识点的题目。如果做不完，内心也不要愧疚，因为大家都做不完，哈哈，一个小玩笑。到了高三，可能会有一些人选择不回家在学校自习，这确实可以节省时间来复习，但这并不一定适合所有人，有些人可能特别需要回一趟家，吃家里的饭，和爸爸妈妈聊会天，或者放松放松。所以对于这些人来说，如果你回家了而别人没回家，内心也不必感到愧疚，每个人都有自己的想法，如果回家让你很开心的话，那就开心的回家吧。如果你硬是留在学校，可能效率也不会太高。我想学习经验你们都有自己的或者老师教了很多，所以我在这里只是想分享一下在高中的心得体会。亲爱的学弟学妹们，不必害怕高三，它可能并不如你想象的那么可怕，它也会有很多意想不到的乐趣。虽然它确实会给你挫折、打击，但这没什么，每个人都会经历的。要从错误中吸取教训，分析自己的原因。另外，不要过于关注月考的成绩，因为无论你考的好与坏，那都不是高考，你要做的只是从中汲取更多的经验和需要注意或调整的地方，为高考奠基。再说说自主招生吧，可能你以前不觉得，但到了高三下的三四月份，好像大家都在弄这个，自主招生确实是一条途径，但能够获利的人却是凤毛麟角，如果你没有那些过硬的奖项或是特殊的才能，将重心放在备战高考上会更好吧。想说的就是这些了，其实更像是和你们聊天。最后想说，一定要相信自己，你们一步一步走来，三年如一日，脚踏实地，要相信自己种的种子总会开花的。祝你们都能收获自己理想的成绩。

但行好事，莫问前程

华南理工大学　国际经济与贸易　王　媛

　　贺老师说要我们回忆一下我们的高三，和学弟学妹们分享一些学习经验。你们的学姐我觉得与其说学习方法不如说说我的高三，我的喜忧参半吧。想用轻松诙谐的语气和你们分享我的高三呀~

　　回想高三，真的会被自己感动到。第一次从早上睁开眼到来到教室只需要15分钟，吃饭8分钟，第一次上厕所都用跑的，第一次坚持不动不离开座位看了5小时的书，第一次不喜欢生病，不是因为害怕难受而是因为害怕耽误学习。高考给了我太多的第一次，太多的狼狈和不堪，也有太多太多美好的回忆呀。

　　其实你们的学姐我刚进这个学霸班的时候成绩并不怎么好呢，高三算是我的一部逆袭史吧。54人的1401班，从刚开始的44名到后来高考的班级22名，鬼知道我经历了怎样的高三啊。其实我想说的是，只要你努力坚持不放弃，一切都是有可能的呀。

　　《摔跤吧！爸爸》里的吉塔获得冠军时，我和吉塔都流下了眼泪……吉塔的眼泪里有感动有激动也有一路走来的辛酸得到回报后的释怀。于我而言，高考成绩出来后，终于可以放下对高考的执念，终于可以不要再做关于高考的噩梦。人们总是看到光照靓丽的光芒，却往往忽视光芒背后的艰辛不易和那份黏稠的孤独寂寞。我曾是多么在乎这个叫高考的东西啊，我不记得有多少次因为成绩不好在学校里找个没人的角落哗哗大哭，在被子里偷偷抹着眼泪。我不记得有多少次找学姐们找家长诉说我的苦闷和不易，擦干眼泪，然后又重新振作继续学习。我不记得有多少次默默的努力没有回报只能傻傻地望着没有星星的天空，看不到一点点光亮。我不记得贺特骂过我多少次，我又是如何一步步哭着走出绝境，一点点绝处逢生……可能你们的学姐不开心的时候就喜欢哭吧哈哈，学弟学妹们压力大心情低沉的时候也可以好好哭一场哦。

现在学弟学妹的手里应该是人手一本增分方案吧（就是那个每次月考后都要写总结的本本），每次我都有认真写的，不过是按照我自己的思路来完成。学姐高考里考得最好的是文综，所以我侧重说说文综吧。首先我会把每次月考的所有的卷子放在一起，认认真真分析每道题错误的原因，特别是文综题的每个选项我都会分析一下。到底是基础知识问题还是思路问题?如果是基础问题，一种是零碎的知识点，比如平时老师讲历史选择题时迁移复习的知识，我就会记在小本本上，然后有事没事看一看（我的北大同桌谢馨同学就是这样做的哦）。如果不把基础背牢，一味地刷文综选择题是没有什么用的。另一种是综合性较强的基础知识，这就需要我们根据书上的框架构建我们自己的文综专题，我会把专题记在我的大本本上，这样不仅复习了基础，还锻炼了你整合以及分析知识的思维。也就是说每次我整理卷子的时候都会把不会的这类知识复习一遍，从而查漏补缺。如果是思路问题，那我考试的时候是什么思路，正确的思路又是什么，久而久之我会发现做选择题的规律，锻炼了自己的思维，从而实现文综选择题正确率的慢慢提升。

基本上大家都会做数学错题本，但是我想说千万千万不要为了做错题而去做错题（王浩宇同学曾这样说过）。数学彭老师讲题的时候我会认真听，然后跟着把重要的过程演算在草稿纸上，然后晚上晚自习自己再不看草稿纸重新独立演算一遍，重要的是要找到自己做这道数学题的卡点，要不老师的思路永远只是老师的，不能够成为我们自己的东西，下次还是不会。每个人都有自己的学习方法吧，但是我的确认为一边上课就把数学错题抄完的效果不太好，必须要有一个自己独立完整演算的过程。做数学错题的话，推荐学弟学妹们购买活页本哦，这样就在复习的时候把同类型的题放在一起复习，找出解题规律，构建数学知识体系。

说了一些学习方法，我个人认为吧，学习方法还是一定要自己试过才知道啊。比如我感觉某某某的学习方法不错，我就会想要试试，这样我会给自己定一个时间，比如这个学习方法我用两个星期或者一个月。也许这么短的时间，适合你的学习方法并不能让你的成绩立竿见影的变好，但是好的学习方法一定会让你感觉很充实轻松而有收获，感觉到舒适。

关于高三的心态方面，我觉得"但行好事，莫问前程"这句话说得很好。高三这一年，随着大家都开始努力，你和周围人的成绩都会出现不同程度的浮浮沉沉，我们的心也会开始浮动。"你看某某某的成绩怎么突飞猛进？冲到前面去了……你看某某某又怎么了……"也许来自身边人的压力有时候会化为我们的动力，我们也可以借鉴别人的方法，但是我们还是不要过度关注别人，还是要把注意力放在自己的身上呀。别人怎样努力怎样做，既不会增加你的分数，也不会减少你的分数，你要做的就是专注研究自己，专注提升自我。同时也要多和身边的同学交流，多向学霸请教心态调整和学习方法也是不错的选择哦。你们的学姐我，就经常给我温柔的学霸学姐们（已经毕业的）打电话聊天或者发短信，她们也会超级温柔的回应我，给我很多指导，毕竟过来人可以给我们更加贴心的指导呀。如果学弟学妹们有什么学习或者生活上的问题，也可以找我谈心的哈。

高中，让自己收获友情和奇迹！

华中师范大学　数经班　贺　锦

　　谈起高中，那些没进入或是正在上高中的同学们，往往是一脸菜色，高中似乎是试卷、考试、压力、熬夜……的代名词。但是对于经历过了高中的人来说往往却是回忆与感动。2017年，这个对于我而言格外重要的一年，这一年里，我经历了高中最后的冲刺；我越过了曾经以为的不可攀登的高峰——高考；我离开了家乡，来到了武汉开始了我的大学之旅。一路走来，今天伴着月光回忆自己高中的这三年，确实感触良多，或许自己高中三年不是最优秀的，但我对自己还是满意的。这一千多个日日夜夜，再回味，我觉得自己交了一份让自己满意的答卷吧！无关高考分数，无关最后上的大学，只是在高中，我收获了对我而言最为珍贵的——友情和奇迹！

　　我是在农村上的初中，当时中考时数学考了B，如果不是拿到了指标，我可能进不了二中这个带给我太多感动的学校。进入二中，其实在一开始还是有点自卑和担心的，感觉自己和同学比差距挺大的，高一班上基本都是5A生，当时挺担心自己学习会跟不上。但我不是一个畏难退缩的人，我一直坚信努力一定会有回报的，坚持下去一定会有属于自己的奇迹的！豪言壮志，自信满满是好，但有时真的抵不过现实的残酷。中考时自己就是砸在了数学上，结果到了高中，自己付出了百分之两百的努力，但是它依旧是止步不前，我那段时间真的觉得失落极了。更糟糕的是，高一结束，我们又面临分科，当时自己挺犹豫的，既舍不得离开本班，但又觉得自己真不适合学理科，挣扎了好久，考虑了好久，听了许多人的建议，最后还是决定选文科。在这一件事上，想跟大家说的是，一定要对自己有客观的定位，清晰地知道自己喜欢什么，自己擅长什么，自己短处在哪，未来的自己想要往什么方向发展……还有就是文理分科，这是影响自己高中，甚至是一辈子的事，不论是学长学姐、同学朋友、老师家长，他们都只能给你一些建议，仅供参考，这个决定还得自己来做，因为只有你自己才了解自己真的需要什么，知道自己真的喜欢什么。

文理分科时，我第一次收获到了高中的友情和奇迹。在离开3班时，看着虽然只相处一年，但感觉已经和我如影随形的同学们，眼泪真的有些忍不住。哪怕我们只是不在一个班了，哪怕只是隔了一层楼。回想起和他们一起为排练心理剧连吃一个星期盒饭；篮球赛上，嗓子哑了，也要坚持喊着加油；晚自习前团结一致的背着班主任看视频……分别总令人伤感，但我更希望再见时，我们都更优秀！离开成为理科班的3班，我进入了文科1班，这是我高中收获的第一个奇迹吧！知道自己分到优秀的贺老师班时，记得当时自己很平静，就像是很自然的接受，但只有我自己知道这是因为高一一年我已经为此努力了好久，我总是坚信努力下去会有奇迹。

加入1401班，是我迄今觉得最幸运的事，在二中4楼这间小小的教室里，承载了我能回味一生的青春。或许大家印象里文重班，都是文文静静的，甚至有些呆板，总是在背背记记。其实一开始我也是这样以为的，还担心过大大咧咧的自己会不会很尴尬。但是1班确实不一般，我们班的人真的动若脱兔，静若寒蝉，你可以看到为了元旦文艺汇演，安静策划排练的我们，你可以看到运动会场上，拼搏呐喊的我们。没有什么比和大家一起为一件事拼尽全力，并且收获自己想要的更加美好了。汇演排名第一，运动会总分排名第一，一班用团结和坚毅创造了我们的奇迹，谁能想到一个只有7个男生的文科班打败众多理科班获得团体总分第一呢？其实有时细节和平常更能带给我们感动，我想自己这辈子都忘不了和我亲爱的饭友团们（朱丹、沈家璇、汤欣钰、苏安琪、杨昕湉）一起为吃饭省时间在校园里狂奔；忘不了和大家一起去石峰公园郊游烧烤；忘不了和大家课间踢毽子嬉闹被别班班主任批评；忘不了偷偷摸摸在自习室看电影，被莲子姐（班主任贺月莲）逮住；忘不了贺老师（还是我们可爱可亲的班主任）特有的大嗓门；忘不了邱老师有N次可爱的问有没有吃的，我饿了；忘不了易老师特有的普通话；忘不了彭老师改试卷神速；忘不了洪老师刺鼻的烟味……忘不了的真的有太多了。

作为成绩一般的我来说就不和大家分享什么学习方法了，只有自己学习数学的这段心路历程想分享给大家吧！我数学其实开始真的很差，中考就是B，高一时数学也总是拉低我的排名，文理分科数学也是让我选择文科的一个重要原因。但我想说的是：越挫不妨越勇，越难不妨越傲，相信自己，只要坚持下去，总有一天大山也会为你让路的！高一我写了3个数学错题本，不会的我坚持问老师问同学，一遍不行两遍，两遍不行三遍，我就相信自己可以学会。高二上学期，我总是强迫自己抓住上台讲解的机会，我总是将自己的思路想法和同学老师分享，这样可以更好地发现我的问题。高二下我担任了数学课代表，这对我而言真的是一种肯定，它激励我在数学上一定要变得更加好，不能问心有愧。这无疑是很艰难、辛苦的，但真的很感激这一路上，那些亲爱的同学和老师们的帮助，也感激一直坚持下来的自己。最后高考数学142分，或许在今年140分以上不算什么，但对我这是不放弃的回报吧！现在大学我学习数学和经济两个专业，以前的我真的不认为自己会在数学这条路上走下去，但最后我真的爱上了它。

　　高中，你可以不是最优秀的，你也不一定是最耀眼的，但一定请至少收获属于你的友情与奇迹！未来再回首，你真的会发现，那一切真的很美好。

如果再来一次高三

中央美院　王玉莹

　　进入许多人如此向往的大学，本以为，高三的回忆会是黑暗可怕的，然而，与此相反，我总是怀念高三的生活，怀念那段最充满青春活力的时光。时间总是过得飞快，高中时总还认为自己是初中生，大学时总感觉自己是高中生，看似漫长难熬的半年，也即将过去，而高考结束的那一天，无论你是欣喜，是悲伤，是轻松，这些感情也终将成为过往。

　　如果，我能再来一次高三，有些东西，我想改变。

　　变得更加踏实，更加努力，更加不顾一切，勇往直前。在高二时，为了提高自己的竞争力，我去学习了美术，我觉得我就是从这里开始变得懒惰的，不是说专业学习是一条捷径（作为一个偏文化的艺术生，经历过集训，我深知它的艰难），而是说，当我有了美术这张底牌，当我拿到央美的合格证时，我与别人不同，我有了一个别人仰慕的"保底"，以至于让我养成惰性，迷失自己真正的目标（顶级的法学专业），结果也是如此，我并没有达到自己心愿分数，进了央美。我常常在想，如果我没有学习美术，没有这张底牌，没有在最后几十天放松自己，我会不会有更满意的答卷。在高考的最后几十天，可能是因为自己错过很多课的缘故，我比较偏重错题分析和书本而缺失练习，我想这是我冲刺阶段最不踏实的部分（错题和书本很重要，但不能缺少练习，最好跟着老师布置的任务尽量完成），也可能正因为如此，我的文综总是写不完（高考也是），分数不高。希望你们能更有勇气，无论目标是什么，放手拼一把，踏踏实实，跟着老师走好每一步。

　　变得更加青春，更有活力，留下最美好的回忆。进入大学，你会发现，同学之间不会再如此亲密，班集体的感觉也没有如此浓厚，你会有许多新的烦恼，不再仅仅是那几门课，几个分数。希望你们能多多参加班级活动，多与朋友谈心，交流，放开心，尽情享受这一段最后的高中时光。

希望你们以后在回忆这段高三生活时，和自己的学弟学妹们谈起你们的故事时，没有遗憾。

最好的班级　更好的自己

电子科技大学　英语系　雷成斌婧

　　我呢，是毕业于二中的学姐，是我们贺老师贺特的1401大家庭成员之一。我现在就读于电子科技大学，是一名英语系大一的学生。写这篇文章不仅是对高中生活满满的怀念，也是想给学弟学妹们留下我的经验，给大家的高考助力！

　　现在回想起来，高中确实是一个很特别的时期：可以感受到一股独特而强大的压力，它不偏心地给予全国高三学子；可以发现自己多么优秀，一天可以劳逸结合地完成那么多自己的目标计划；可以发现日子过得比之前任何时候都快，转眼间就到了分道扬镳的时候……希望你们也发现，你们还没有结束这最后的冲刺，所以要咬咬牙和所爱的大家一起坚持下来！

　　到这时该做些经验介绍了！我不是班上的学霸和大佬啦，但是我的成绩也在和大家一起进步。关于学习上，我真的不得不承认纠错本真的很有用，还有就是身边优秀同学的资源真的对自己帮助很大，以及一直不厌其烦解决你各种难易不等的问题。接着，还有一点重要的考前必备：要早早把书上基础知识随着上课就尽量记下，而考前要复习的最好就是题目，特别是自己的错题和重点例题！这是我真的到了高中最后冲刺阶段才发现的，对于考试很有用的！

　　我不是一个天天沉浸在学习中的人，我们班也都不是。不得不说我很佩服1401班的小伙伴们，真的是劳逸结合的模范，玩得比别人好，学得比别人棒！所以我的高中小伙伴一直是我心中的小骄傲。别人都不懂文科重点班，以为死读书，可是我们运动会团体第一让全校刮目相看；我们也会下课时一起踢毽子，玩抓人游戏，枕头大战……走过的老师同学都以惊讶的目光看着我们班。我想说的便是这一点，贺老师也常说玩就要好好玩学就要好好学，其实真的很感谢贺老师对我们的理解，知道是我们学习累了，约一波毽子来舒缓心态，铃声一响还是醉心学习的少年。所以说学习效率很重要，听课质量也很重要，注重课堂，不要依赖课下补过，真的觉得高中最后那一点时光太美好了！在独有的绿色网吧里留下的回忆，不仅有学习查资料，还有很多小伙伴的生日也在里面度过……1401不似班级更胜大家庭。

不经意间，经验总结成了小篇回忆录，虽有高考压力，但确实是小美好，像那样大家一起朝着同个目标努力奋斗少之又少。以这篇短文，其实无法载动回忆与思念。最后还是想说，相信自己，其他人能行你也行！保持良好的心态迎接每一次挑战，不放弃不抛弃，实践证明，高考分数一定会比模拟考得高！希望大家能够劳逸结合，注重错题，高效学习，珍惜当下，端正心态，展望未来。

高考永远不是终点

西南交通大学　中文系　唐冰瑜

　　高中三年，真的很短，但其实，这三年也许是最能让你把握自己命运的时候。现在正读大学的我偶尔还会后悔，高中如果再努力一点，再对自己狠一点，是不是已经踏入了自己理想的大学，所以现在还有机会的你一定要做到全力以赴。每一天都要过得充实，凡事多钻研一下，对自己感兴趣的科目不要放弃，以此为优势，而不感兴趣的就算是为了高考也要全力以赴。要相信只要真的用心，真的付出没有什么是不能改变的。

　　最记忆犹深的就是，我的文综周周练总是200分上下，着急又不知所措，感觉自己在背在记，但就是不会答题，作为一个高考文综自认为考得还不错的人，我想说一是坚持，文综一定是慢慢提高的，其二大题一定要多分析，思路清晰拿的分才高，其次就是"自古文人都是贼"，学会借鉴他人的方法，可以的话借那些文综大神的卷子看看，一是学习思路，而是找找自己和他们的差距在哪里，书写方面还是表达方面，坚持下来，一定见效。

　　还有就是，把高考稍微看淡一点，每一个人的路都是自己走出来的，不是进了所谓的985、211就一定能功成名就。目光要长远，要有一个一辈子为之奋斗的目标，这样才能踏实、自在，不为世俗功利所困。如果你现在感到有压力，很正常，但不要过分紧张，因为未来还长着呢，高考永远不是终点，在大学里遇到的很多事，都会让你觉得，那年高考错的题都错得刚刚好。不过真诚的希望题还是错得越少越好，嘿嘿，高考加油，万事胜意。

我的高中

湖南师范大学　　商学院会计系　黄琛灵

回头看看，我居然已经在大学过了快一个学期了。回想当初刚进高中时，记忆依旧清晰如昨日。

还记得第一次进入二中校园时的兴奋，还记得第一次在班上用英语自我介绍时的紧张，还记得第一次上课时的激动……

刚入学，军训是必不可少的。我们很幸运，四天的军训有几天是夏季里难得见到的阴雨天，所以军训并不算累。我到现在还记得站在我前面的男生的模样。

高一给我留下最深印象的大概还是我们的社会实践课吧，在攸县罗家坪的两天一晚，那是我们1413班第一次一起出去玩，也是最后一次。白天我们去地里摘辣椒，女生们一起剁辣椒，大家一起分西瓜，晚上就一起玩狼人杀，那是我玩过最多人参与的一次狼人杀。之后再也没有过这样的经历了。

分班时我其实非常纠结，我一直想进理科班，然而hot跟我谈了几次，成功地把我拐来了文科班。也许开始还有一些遗憾，但现在想想，谁又能保证说我去读理科就一定会过得更快乐呢，选择已经做出，那就要过好当下，过去的已经过去，未来的还未来到，只有当下才是你能把握住的现在。

高二时的圣诞晚会，我们班出了一个节目——《半截蜡烛》，大家应该都很熟悉吧。其实作为一个平时比较内向的人，我开始虽然有参与的想法，却羞于表达，我的小伙伴们在知道后却纷纷鼓励我，还陪着我一起参加了节目的排练。大家当时都很忙了，只有每天晚上下了晚自习后有时间排练，我还参加了配音组，就更加忙了，那是我第一次在10点50之后回寝室，却并不孤单，而是有着一种繁忙后的充实感。在大家的共同努力下，最终我们的节目取得了很棒的成绩。

我们班隔壁有一间自习室，我很喜欢晚上去自习室自习，大概是因为能够和小伙伴们坐一起吧。

高三总是有很多考试，在要搬桌子的月考与期中期末考时，我们习惯在自习室自习的这些人总会乘着老师注意不到时聊天放松，聊的什么内容我已经差不多忘了，但当时那种快乐的心情总是让我回忆起来心里都是暖的。

还有一个印象深刻的自习室小故事大概就是膜拜大佬了。当时龙哥（杨沁龙）总会和容容（梁容榕）一起聊一些很学术然而与学习并没有什么关系的话题，其实应该算是龙哥给容容讲。我偶尔听了一耳朵，当时就想给大佬递茶。

零零碎碎说了这么多，大概是不太符合老师要求的，但是毕竟我学习辣鸡，学习经验什么的，还是交给大佬们吧，希望学弟学妹们能够开开心心的过完自己的高中三年，给自己留下不悔的青春记忆。

与其埋下悔恨，不如植下热爱

西南交通大学　中国语言文学　唐天利

我不是学霸，所以我没有什么高效的学习方法和大家分享。我就想说说在我记忆中快乐美好或有意义的事情。

说实话我是一个敏感且在意他人目光的人，面对高强度的学习和激烈的竞争，好强的我常因自己的不争气感到懊恼或者痛苦，我那时候以为高考是我过不去的坎，以为在考场上我会双手颤抖、思维迟钝然后毁掉考试、毁掉人生，毕竟在那时候高考对我来说就是天啊。其实我们都一样，年轻又彷徨。庆幸的是，掌握了适合自己的情绪调节小窍门之后，高三我过得很充实，痛并快乐着。

那时一周的两节体育课是最快乐最轻松的时段，我们班几个女生组成了"超级无敌足球小分队"，八九个人无论大太阳还是飘着小雨都要去操场上踢足球，在场上疯跑、尖叫、过人、传球、进网、流汗、大笑，在奔跑中把疲惫和烦恼统统甩掉，就是一个"爽"字能形容，然后嘻嘻哈哈地赶回去上课，当天一天精气神都倍儿好。所以说忙里偷闲去操场上跑跑，在有阳光的日子里去校园里走走吧，你会有意想不到的收获。

在高三，时间是最公平的东西，它对谁都一样，用钱买不来，你只能拼命珍惜它，要去一点一滴地攒。每次吃中饭都是一场体育竞技，跑去食堂抢饭的日子伴随着刘洋那句"冲啊，小胖们"现在想来也是十分可爱。在食堂会遇到捧着一碗酸菜扣肉的陈希宇来蹭饭，也终于有空和同学瞎扯八卦绯闻，笑得没心没肺，又或者是吃完饭回教室的路上和同伴一起抽背、温习上午学过的内容。在这里我想说"厚脸皮"也是一项必备技能，不顾发型变乱狂奔在去食堂的路上，不顾他人的眼光在路上背政治，凡是你觉得有意义的事都是值得一做的事，管旁人怎么想呢，自己开心就好。

当然我也遇到了十分糟心的事情。我高一就开始准备自招的证书，后来又很艰辛地准备申请材料，终于，我申请到了心仪学校的自招名额，但却因为错过了缴费时间而与它失之交臂，命运就是这样的凑巧，我偏偏又碰到高中以来考得最糟糕的一次考试，这些就发生在高考前的三个星期，成绩没有起色反而一落千丈，自招这条路又被封上，除了高考我没有任何后路，我记得那天我一个人在一个角落大声哭了半个小时，我当时觉得这是我一生中遇到的最糟糕的事情了，但是后来我收到朋友的一条短信，短信上说："没有伞的孩子，要学会努力奔跑。"确实是这样啊，没有人会相信眼泪，就算你再难过再痛苦再绝望，如果你没有反省和行动，你也于事无补，所以现在遇到麻烦的你，赶快收拾好情绪，别再心疼自己埋怨生活怀疑人生了，都没有用的，社会是现实的是留给强者的，即使你不是强者，你只有努力，生活才会给你成为强者的机会。

所以在此我想分享我的"塞翁失马，焉知非福"的人生哲学，当时我就想虽然我的自招资格没有了，但说不定我会因为没了后路，而专心准备高考，既然只有一条路，就把这条路走到底，我照样是条好汉。这样一想，我心里好受多了，又一次鼓足了干劲去复习，行动力也持久了不少。此外还有很多诸如此类的例子，比如高考第一门的语文考得不尽如人意，我却这样想："第一门如果考好了，后面我说不定会飘飘然乱了阵脚。"这样一想后，我不但赶快从丧气的状态中逃离出来，而且更加认真沉稳地开始准备后面的几堂考试。看淡一点，反而收获会多一点。

曾总想赶快穿过高三那段折磨人的时光，现在却觉得那是最无瑕的时光，那时有最缤纷的梦想，最充实的安排。或许现在的你觉得前路漫漫，或神往，或忧伤。但是你们现在还并没有被许多的"或许"所羁绊，生命才更有可能变得勃勃茂盛，不可阻挡。与其埋下后悔，不如植下热爱。祝你好运，愿你的心情，和运气一样好。

自招并非洪水猛兽

湖南大学　英语系　宁小萱

　　高考成绩并不理想的我，通过自招的"降30分"政策进入了湖南大学。我明白很多人对这种"捷径"内心发痒。我必须承认，自招比高考考验更大，但它并非洪水猛兽，而是很多人都能设法征服的关卡。下面我就来聊聊我或许普通但真诚的小经验。

　　我当时的自招方向是英语专业，先从全国1500多名考生中通过笔试，再在面试环节中被选拔成为40名最终通过者的一员。陌生的竞争对手、不熟悉的考试环境、强度较大的筛选环节……这些或多或少会影响实力的发挥。那么我们需要铭记在心的第一点就是充满自信，尽力而为。我在自招前曾看过一些优秀考生模拟自招的视频，其实他们并没有像名人一样那么耀眼，只是更镇定地把自己的真实水平展现了出来。多邀父母、老师或同学当你的"考官"，多体验目光聚焦在你身上的感觉，你一定能变得更从容。

　　由于自招更关注单科发展且难度比高考大，那么就要求高中在提升总分数之余也发展特长。我的英语是学科中还算好的一门，因此我课外也花费了更多时间突破。就英语这一门而言，"听说读写"都要注重发展。把握高中课堂是十分有效的提升四项能力的方式，但如果想攻克自招，还要设法比常人更进一步。也许最好的办法是"沉浸式"学习，每天起早、入睡前都用英语背诵材料"洗脑"，走在路上随身带个单词本，把手机设成英文模式，多参加"英语角"活动……需要注意的是，很多学生可能忽视听力方面的学习，而它是自招中大部分考生最吃亏的一项。我们可以想办法在假期或经老师允许下听磁带、电脑、手机上的较快速英语。提升英语反应、思维能力会对自招大有裨益。

最后就是礼仪、仪态等问题。自招不以貌取人，但穿着更正式、打扮更精神、笑容更大方确实加分不少。以谦和、亲切的态度和考官"聊天"会让你留下的印象很棒。在考前还要专门学习一下礼仪注意事项，比如椅子只坐三分之一、不抖腿、鞠躬要深一点……

粗看群雄逐鹿，难与争锋，其实只要提升自我，正常表达，就能移步山巅。如若功业未成，无须自暴自弃，"至少我来过！"

我们的二中，我的1401

河海大学　国际经济与贸易　徐　洁

"恭喜株洲二中获得全国文明校园称号。"

"谈起1401，贺月莲老师满是骄傲。"

在二中的公众号阅读这些推文，就像还是在二中，还是在高三，还是贺老师的学生一样，满是骄傲与自豪。想和大家说一说我们的二中，我的1401。

进了大学宿舍，可以说是无比想念二中的独卫独浴和上床下铺，当然也无比想念学校的食堂三楼。二中给大家提供的住宿条件真的比很多大学都要好，良好的住宿条件当然是会为学习增加动力的。虽然在高三，我们依旧可以参加许多活动与竞赛，观看很多文艺表演，像是全班都付出心血的话剧还有排球比赛，那种大家一起努力一起准备的过程真的很开心很开心。我们的二中呀，真的给了我们很多很多美好的回忆。

高二文理分科进了文科重点班也就是1401啦！刚进来感觉大家都很厉害，以前高一好多在排名榜前面的同学忽然一下变成了同学。本来以为重点班就是学学学什么的，然而大家并不是这样的。体育课我们可能成立了学校第一支民间女子足球队，课间我们成立了学校第一支野鸡踢毽子队，当然还有我们的语文老师洪老师给我们设计的独特的读书晋级表（怕是大家都可以晋升为太师了），班级氛围一直都很活跃，老师和同学们之间也很亲密，很怀念每天最后一节课大家冲去文综办公室排队问问题的盛况）最喜欢听易老师和我们"激辩"）。还有贺老师真的是刀子嘴豆腐心，每次生怕有什么好东西没有分给我们每一个人，在高三紧张的学习里经常组织爸爸妈妈给我们送物资，每次给我们打鸡血让我们加油加油再加油，贺老师呀对我们总有操不完的心。而且在我们班感受到班级氛围真的很重要，大家一起学习毫无保留地分享解题方法还有笔记什么的，这个真的很重要，可以收获许多许多。

嗯嗯，还是得和大家谈谈一些学习经验（大家参考参考吧嘻嘻）。

首先：数学数学，对于我来说错题本真的是很重要的东西。错题本不是说要你把东西完完整整一字不落地抄下来，而是说最好先把题目理解透了，然后把原题抄下来过一天或两天再做，这个时候就可以检验是不是真的掌握了。错题本并不需要有多好看、多整洁。还有归纳：到最后平均一天刷一套卷子的情况下，一定要把同类型的整理下来找出知识点和规律。

然后：英语英语，英语一定一定多背、多开口、大声背、大声读。平常做的阅读理解和改错，也可以拿一个小本本把里面的短语和知识点整理下来作为早读资料。作文这种东西就只能靠日积月累了，每天记下一两个句子就不错。

还有一定要做好规划，越到后面每天的任务就越多，必须要学会根据自己的优劣势和自身情况来定夺规划，不能盲目地将整晚的时间孤注一掷导致后面学习的拖拉。遇到问题多问老师那是自然了，和老师交流不仅可以答疑，还可以从交流中发现新的问题或者得到更多的知识。

最后的冲刺阶段里，大家心态一定要放好，不要总是纠结于一次的成绩也不要总是和谁比较，只要自己尽力了比上次好就可以了。每次考试能够解决掉一些问题不也很好吗？你们都很优秀，也相信你们会更加优秀的。

你们想要的就在那里等着你们呢！

记　得

兰州大学　思想政治教育专业　刘日瑶

我记得刚来一班的时候我挺畏惧的，甚至想离开。

分班名单刚出来时，我发现自己被分到了1401班——第一反应当然是激动和兴奋，但是当我发现名单上有许多我从初中开始便听过名字的大神时，当我发现在这个班我没有一个熟悉的人时，当我发现我的班主任是未曾谋面却令人"闻风丧胆"的贺月莲贺老师时，说实话我真的是害怕的，因为我担心竞争会太过激烈，班上氛围会过于紧张，还担心在班上找不到可以倾诉的人，我怕自己喘不过气。事实再次证明，不要为还没有发生的事担心。一班真的很好，可以说也许再也不会遇到一个像1401这样的班级了，神奇且神经，优秀且温暖。

它神奇而优秀。我把学校方面的原因主要归为两类，第一当然是同学们自己的努力；第二便是老师们的引导。来到一班后你会发现，average students 和 top students 的区别也许就在听课效率、时间管理和学习动力上，严格来说听课效率也可以算作一种时间管理，即你怎么管理好你在课上的时间，重点放在哪，注意力放在哪。但在这里我要把它们分开，这里的时间管理只谈对除上课以外的时间的管理。我没将学习态度单独纳入是因为我觉得这三项足以体现一个学生的学习态度。以我的某一任同桌为例，她听课的时候从不走神，而且不光在听，还总能提出一些自己的思考，并且有时候觉得老师讲的有她不认同的地方她会提出来，这其实也是我们班的一种习惯，从不盲目崇拜什么（当然，除了贺老师和文综三女神），总有种批判性的创新思维。接着说那位同学，可以说除了吃饭和睡觉以外，她的每一分每一秒都利用得很好，而且有自己的计划。我还观察过她学习的一些习惯，她喜欢把学过的东西系统化，这个对于一个学文科的人是非常重要的，要背的东西太多，如果没有一个框架来把这些知识整合起来，运用的时候可能会由于把握不了题目的实质而有些力不从心。最后便是学习动力了，这个太重要了。一班就是一个动力满满的班级，整个班上的氛围都是积极向上的。大多数人都有清晰的目标，由此产生了那个为此奋斗的动力。这也正是一班神奇所在。不仅自己有学习动力，常常有许多人是组团学习的，相互激励，相互启发，由此形成了极好的学习氛围。这也就是为什么别人会认为我们班"这么浪成绩还那么好"，因为长期处于这种环境中，人的思维方式发生了变化，思维变活了，所以越学越轻松，越学越有信心。然后便是老师的引导了，影响最为深远的当属贺特的教导了。上了大学以后才发现，再也没有会像贺特一样追在你后面唠叨你的老师了，一切都要自己对自己负责，没有人在后面赶着你跑了，只能靠自己往前走了。别看贺老师老是一副凶巴巴的样子（这样说出来不会被打吧），其实是刀子嘴豆腐心，每次把一件事的后果说得天大，把你说得多么多么不堪让你直流眼泪，其实都是为了你好，希望你能对自己负责，不要荒废了自己的人生。现在想想，还好有贺特这样一个喜欢找你谈话、让你不坚强也得坚强、让你脸皮一天天厚起来的班主任，我感觉我总的来说一直是在往前走的，和1401一起。

它神经且温暖。一般来说学霸班无外乎就是一群整天泡在学习中无法自拔的人组成的班，彼此关系疏远。我们班就比较特别了。用神经来形容一点也不为过。这个神经可不是真的神经，是活泼外放的代名词。枕头大战，踢毽子，喊楼起哄，绿色网吧，调侃老师，作为一个只有7个男生的文科班，运动会团体总分超过理科班勇夺第一……在最紧张的高三也总能有自己独特的消遣方式，会学更会玩，这，就是一班。不禁想到一句口号：一班一班，我是一班，再说一遍，我是一班。从前觉得这句话是想不出口号的人瞎编的，现在想想，这个再说一遍可不就是一种溢出来的自豪感么？

我记得离开一班的时候我挺难过的，满满的回忆满满的爱，真的让我难以释怀！

逐梦笔记

湖南师范大学　法学院　彭力帆

"沙漠+汗水=花海。"用这个公式来形容我们的求学之路，可以说是非常合适了。高中生涯虽已画上句点，但在二中夜以继日打拼的日子似乎还历历在目。我坚信，于你于我，高中的光景无疑是一辈子最难以磨灭的一段记忆。

1401，这个我将永远引以为傲的优秀班集体，在这里的两年生活时光，每一个记忆碎片都值得我去珍藏。我们班的学霸很多，我只是其中不起眼的一颗沙粒，但这颗沙粒也有它的独特之处，也许它也有值得大家借鉴的闪光点。我将分十点阐述我的逐梦笔记，望它能给学弟学妹们带来不一样的启发。

一、保持自律

自律使我自由。短短六个字，精练而又恰到好处。"自律"不只针对于学习，还包括个人的行为习惯。在重点高中求学，为着提高自己综合素质，考入理想大学的你，要始终提醒自己，"我是谁"，"我在哪里"，"我要干什么"。保持自己的学习节奏，坚持健康的作息时间，拔掉"懒筋"，摈弃坏习惯。自律可不只是高考成功的必要品质，它会让你一生都受益无穷。要知道，到了大学，更多靠的是自主学习，不做作业，上课玩手机，甚至旷课都几乎不会有老师来管你。因此，自律便显得更加重要了。大学里挂科的同学，多数是由于不够自律，沉迷于网络游戏，不务正业，最终落得这般下场。而对于高中的你们，在高考前的几个月，与学习无关的爱好，如果实在做不到放弃，也要尽量压缩。在这里我以自己举个反例，我在高三仍然沉迷NBA的篮球比赛，每天都会花时间去了解赛况，这严重分散了我的学习精力，现在回想起来，得感谢我的主队不争气，早早在4月份被淘汰，不然我的高考成绩肯定会因此大打折扣。总之，如果你觉得你是个自律的人，那非常好，一定要坚持下去。如果你觉得你还不够自律，那一定要开始行动起来了，少偷懒，多做事，你想要的自由才会在未来如约而至。

二、树立良好的心态

心态决定成败，这句话在高考的战场上显得尤为贴切。有些同学会在高考前失眠，患得患失，导致发挥失常，可见心态的重要性。对于这一点，我不得不提我们班的陈希宇同学，他一向拥有良好的心态，高考入场时，甚至穿着一双拖鞋就进去了……我虽然没有他那么好的心态，但也有成功调整心态的经历。高考前的一天晚上，大多同学都在加紧查漏补缺，我认为一个晚上并不能改变什么了，功夫重在平时。且高考将至，这也会给我们带来心态波动，学习效率也不会很高。因此我和我的好友汤吉安早早回到了寝室，聊起了高中三年的经历以及各种人生展望，录起了搞笑视频，以轻松的心态迎接第二天的考试。也许是好的心态帮上了忙，我们俩在高考的三天都没有失眠，且发挥比较稳定。此外，不要因为前一门没考好而过度惋惜，把重心放在接下来的考试。我记得我数学考完后觉得发挥得很差，在近乎崩溃的边缘，我选择了向几个玩得最好的朋友电话倾诉，把自己的想法说出来。几通电话后，我一下找回了自我，并在后一天的考试中正常发挥（我认为向同学倾诉效果要好于向家长倾诉，因为同学是并肩作战的战友，更能贴切地体会到你的心情，向你提出建设性的建议，作出将心比心的开导）。

三、持之以恒

这一点相信很多同学都会提到，它的重要性可想而知。我有每天记25个英语单词的计划，当我在某一天因时间规划不善而搁置计划的时候，心理上就会感到沮丧，再次重拾计划可能要几天或者更久的时间了，这样一来没记的单词越堆越多，重新赶上自己的原计划可以说是难上加难了。因此，不要停下你前进的脚步，一步一个脚印，你才能赶在其他人前面到达成功的彼岸。

四、好问决疑

我高中时期，每天通常会把课堂上不理解的知识点或课后作业中遇到的问题列一个清单，在当天奔走老师办公室将它们一一解决，第二天会有新的问题出现，所以尽量做到今日问题今日毕。你可能会觉得问老师问题的同学很多，排队要排很久，很难问完自己积累的问题。那么说说我自己是如何提高问问题的效率的：1.自己任课老师不在时，向其他任课老师求助，do not be shy.每一个老师都是欢迎学生提问的，大胆向他们提出你的问题。2.不走寻常路，错开高峰期。此话怎讲呢，举个例子吧，比如这节课是政治课，下课后自然会有很多同学围到讲台上问老师问题，你如果坐在后排，就很难占据抢先提问的机会了。那么你不如换一个思路，先去办公室找其他老师解决其他科目的问题，隔了几个课间之后，不仅你其他科目问题解决了，也错开了政治老师解答问题的高峰期，可谓一举两得。3.如实在由于种种原因无法及时向老师求助时，可用班级电脑网上查阅或向其他学霸求助。总而言之，没有迈不过去的坎，只要你用心去解决问题，它们都会一一迎刃而解。

五、量身定做属于你自己的学习方法

学霸的学习方法当然值得借鉴，但每个人都有不同的性格，习惯，科目偏好，学习最佳状态时间，价值观等，因此，适合你自己的才是最好的。对自己做一个充分彻底的评估，制定你独有的学习方法，根据自己的学习状况变化，定期进行再评估，让你的学习方法与时俱进，与你的实际状况相匹配，相信你会因此渐渐得心应手，更从容地面对学习生活。

六、"碎片化"与"集中化"，找寻学习节奏的最优解

"碎片化"是针对英语单词和语文古诗而言的，高中要背无数的英语单词和语文古诗，我认为碎片化记忆是提高效率，降低背诵压力的好方法，对于单词和古诗，不要集中花大量的时间，那样既枯燥无味，也会降低大脑接收信息的效率，事倍功半。不如在你无所事事的课间，远离世间尘嚣进行记背，在回寝路上抑或是睡前的10分钟心里默默记背巩固，这样不仅利用了碎片化的时间，还提高了记背效率，不失为一种好方法。"集中化"是针对

你的休息时间，你一定要充分利用好自主学习的时间，不要写几个字就去找同学聊几句天或是想别的事，保持全神贯注投入学习。当你觉得疲惫困倦之时，再趴在桌上睡个10分钟，或者吃点小零食充充饥，抑或是出去跑一两圈呼吸新鲜空气，集中时间进行休息，将学习和休息的时间划个明显的界限，既学好，又休息好，从而形成良性循环。

七、充分利用早上的时间，尽量不要挑灯夜战

一日之计在于晨，早上是记忆的黄金期，早早地来到教室或者走廊，不要拘束，来一场放声的朗读，你会有意想不到的收获。这一点我们班可谓是年级的模范班级了，早上走廊上一排的同学，他们朗朗的读书声现在还在我耳边回响。另外，我个人认为挑灯夜战没有太大的必要。我高三回寝时已是23点，这时大脑已经处于非常疲劳的状态了，除非有当天必须完成的学习计划没有完成，我一般不会选择开夜车。不如早点休息，第二天早上早点起来，把握早上的高效率时段，做合理的权衡和时间分配。于我而言，23点到23点30是我们寝室的扯淡时间，我们三个男生有时会讨论当天的有趣见闻，抑或是讲讲段子开怀一笑，而后以放松的身心进入睡眠，这说不定是我们三个都很少在高三失眠的原因之一呢。

八、坚持运动，保持健康的体魄

这一点我是十分有发言权的，我是我们班的体育委员之一，我特别爱打篮球，运动会上也拿了不少奖。我深切体会到了运动的重要性，健康的体魄是应对高三高强度学习的重要条件。你也许不敢相信，越临近高考，我们班的同学上体育课越积极，原因很简单，高强度的学习后，到运动场上挥洒汗水，能够极大程度地缓解压力，帮助我们更高效率地回到学习的节奏中去。

九、强化你的特长

如果你有一门特长，因高考前学习紧张而暂时搁置，高考完的那个暑假是你捡起它们的最佳时机。这个暑假，放肆的玩乐当然必不可少，但同时也是你提高自己各方面综合素质的最佳时间。在大学，拥有属于自己的特长，是非常有价值的，它能够帮助你在人际交往中占据更有利的位置。以我为

例，我精通西洋乐器单簧管，高三由于学习紧张搁置了很久，在这个暑假，我有事没事就捡起它练一练，这帮助我在大学顺利进入了本院的艺术团，暑假对篮球技术的磨炼，也助我进入了大学院队的篮球队。特长，是构筑你独特形象的桥梁，也是丰富你人生色彩的捷径。

十、高考志愿填写稳中求进

这一点带有较大的主观色彩，仅供参考，不喜勿喷哈。填志愿时，优先考虑学校还是专业是很多同学纠结的问题。我的主观建议是优先考虑专业。因为专业技能才是我们走入社会要进行实际运用的对象。如果贸然踩线冲进了较高分数的学校，被调剂到了自己不喜欢的专业，可谓得不偿失，转专业也是很复杂的事情。因此，我认为学习更适合自己的专业，才能更充分激发我们对它学习的兴趣，是更优的选择。另外我有一点深切的体会，我主观建议学弟学妹填志愿时优先考虑省内的学校，我现在在长沙读书，都会经常想家，外省回家真的挺不方便的，而且我觉得在外地会比较缺乏归属感，对于没有强烈到外地闯荡想法，又想来大城市的学弟学妹，长沙也许是你们不错的选择，学长在长沙等你们哦。

写了这么多，希望能给学弟学妹带来一定帮助，哪怕是一刹那间的感悟，我写它的意义也就实现了。最后祝愿学弟学妹们高考成功，在逐梦路上越走越远，实现你们的理想。

墙外等红杏，芝兰玉树开

安徽大学　尹露薇

　　昨天下午有个学妹找我聊天，跟我倾诉她的高三生活，她觉得她现在的生活每天都是千篇一律的重复与疲倦，喊口号般说着突破、进步这种类似的词眼，而事实上自己却非常迷茫。我认真的想了想，写下了这篇没什么逻辑的小随笔，将我的高中经历和一些小小的感受经验分享给各位学弟学妹们。

　　我的高中，让我印象最为深刻的有两件事。第一，高三有一次月考失利，那段时间我陷入了一个非常低谷的时期，明明每天都很努力，但是成绩没有任何起色，甚至还有些下跌，我跑到班主任办公室希望能得到她的帮助，班主任很严肃地板起脸来跟我说，你根本没有用心地学习，只是浮在表面上，落后就要挨打。那天我哭得稀里哗啦的，整个人狼狈不堪，但是班主任那天说的东西对我而言却真的是终身受用的。高考是一场虎斗，千军万马同过一根独木桥，如果你不够勇敢，你就会被淘汰，这就是这个社会最公平也最残酷的现实。希望学弟学妹们面对高考一定要有一个非常好的心态，你可以彷徨，但不可以退怯，你可以不够坚强，但不可以不够勇敢。

　　第二件事，跟我的家人有关系。高中三年我一直住校，但其实我的家离学校并不远，我的外婆多次提出想要来学校给我送饭，但都被我婉拒了。我不想让一个老年人每天为此奔波操劳，而且二中的食堂伙食真的超级好的。（这里简单介绍一下学校食堂好到什么程度呢，老学姐超爱吃学校的糖醋排骨，等了一个学期也没吃到过，毕业前最后一个月按捺不住瘙痒的内心，跑去窗口问什么时候会再有这道菜，真的很想吃很想吃，主管叔叔说明天中午一定做，然后第二天中午就真的如愿以偿了，学弟学妹们真的要好好珍惜，我们学校的食堂实惠民主又美味，真的不是学姐乱扯，毕业后的我们都很想再回学校食堂嗦粉吃饭。）继续说啊，让我印象最深的是什么呢，压力特别大的某一天，我给外婆打电话聊了会天，可能外婆很久很久没看见我了，那天偷偷的跑到学校来，但又怕打扰我，就偷偷地躲在我们班门口，问我们班同学："同学，请问这是1401班吗？"我们班同学问她有没有什么事，她连连摇头，提着一个大袋子默默走到楼下架空层的椅子那里，给我发了个信息然后静静在那里等着。我见到她的时候她正望着校园某个角落发呆，我问她，怎么不让我们班同学喊我一下呢？她说："怕打扰你啊。我其实也没什么事，就是想来看看你。你平时也不让我送饭，但是我今天没经过你的同意还是给你带了一点饭菜……"我当时整个人就泪崩了。家人的支持对每一个学生而言都是至关重要的。如果说，梦想是我们的太阳，那么家人与老师就是我们不可或缺的翅膀，是我们前进的臂膀。在我们匆匆忙忙赶路前行的时候，她们就在我们身后默默观望着，在我们快跌倒时扶我们一把，在我们要高飞时含着泪与我们告别。

其实现在回想起来，觉得高中的生活真的特别特别美好。毕业后的老学姐，常常会想念二中的天空，那么的清澈透蓝，会想念二中的食堂，让人垂涎三尺有余，会想念二中的"营养快线"，阳光温暖也单纯美好，哪怕只是回去呼吸呼吸操场上的新鲜空气，感觉都非常幸福了。

关于学习经验，作为一个总是拉班级平均分的老学姐，我就说我觉得最重要的几个点吧，大家多参考参考学霸们的学习方法，方法不分好坏，只要适用于自己就好。学弟学妹们一定要学会好好利用时间，不仅仅是自习时间，还包括课间呀中午啊饭点啊等等缝隙时间，我们班高三课间操的时候每天都是人手一本书，读啊记啊背啊吧，要有计划性地完成每天的任务，利用好各种资料资源，构建自己的知识体系，还有就是自学能力真的非常重要，一般而言，如果你觉得老师说的你没有听懂，你可以直接向老师提问，但是有时候老师的事情也是非常多的，而且问问题的人也非常多，对于自己不会的问题多研习教材，或者在网络上搜索相关资料，一般都能找到你想要的东西。大学对自学能力的要求也很高，如果学弟学妹们能从高中开始培养这种能力，以后适应大学也会相对更容易一些。

二中在资源这一方面做得特别好，学校每年都会给高三的学子们请高校老师进行讲座与临考考点分析。这应该也是我们学校取得好成绩的一个重要原因吧。如果有机会去听这一类讲座，学弟学妹们千万不要错过了。这些高校老师在讲座里所讲的内容我们不一定每一点都能听懂，但是无论听进了多少知识点，学弟学妹们都会受益匪浅。

学习方面最后分享一个学姐自身的反面教材，是关于正式高考中的血泪教训。今年文综卷有所改革，试卷的布局和我们平时模拟卷的布局是不一样的。我平时写文综喜欢将最后的两个选修题与历史大题换一下位置，先写选修再写历史大题。而在我真正临考时太过于紧张，忘记了答题卡布局的不同，翻过去之后就直接动笔写选修了，写完之后才发现两道大题都写错地方了。学姐在平时模拟考试里从来没犯过这种低级错误，所以对于老师所说的这种错误一直都很不以为然。最后自己遇到了才觉得真的很可惜，如果没记错的话这里应该一共丢弃了大概20分吧。学弟学妹们在未来真正考试时一定要看清楚题目再写，哪怕速度慢一点也没关系，真的不要因为这种事情让自己的努力付诸东水了。

高中生活并不仅仅只有学习，特别是我们所谓的重点班，我们的氛围并不是大家想象中那样死读书的，反而我们属于那种很high很闹腾的班级。（这里是骄傲脸）我们班高三的运动会总分排名是第一名，对于一个只有7个男生的文科班，这件事有多难，就证明了我们班有多棒棒哈哈哈。我们在课间也会在走廊上看看星星，和好朋友聊天八卦偷吃美食，我们上课也会犯困走神。其实我们都只是普普通通的一名学生，没有传说中那么神奇。我想，我们班最好的地方就在于，我们班的氛围特别特别好，学习竞争感很强，与此同时，互帮互助的氛围也很浓烈。比如说，数学领域中我的立体几何基本概念怎么都分析不清，最后是我"女神"带我一步步将它突破的；犯困的时候同桌会狠狠地掐你，痛并快乐着；遇到不会的问题我们会一起讨论，通过隔壁"小网吧"查资料完善与问题相关的知识点；周末会有人陪你留下来一起复习语文，一个专题一个专题的总结突破……我们和老师的关系也特别好，课堂上我们是师生，课下就像朋友一样。我们会没大没小地喊老师女神女神，也会让我们班电教委员开玩笑般设置《好运来》《越来越好》这种喜庆的歌曲作为铃声提醒老师们下课了，我们班的老师人都特别特别的好，回答我们的问题特别特别有耐心，不管难易，不管多少，都会将它细细说给每个有问题的人听。还有我们班的家长，最后三个月临考期每天都有家长来教室守晚自习，家长们每次守自习都会带很多好吃的，在课间发给我们，让我们能劳逸结合。那三个月以来，寿司蛋挞披萨面包糖油粑粑等等等等，还有各式各样几乎没有重过样子的牛奶酸奶，在当时那段时间这也属于我们班的一个班级特色了。

最后，有几句话想与学弟学妹们共勉。他们说，时间决定你会在生命中遇见谁，你的心决定你想要谁出现在你的生命里，而你的行为决定最后谁能留下。愿学弟学妹们能以独一无二的姿态度过这充实愉快的三年，每个人的青春不尽一样，要活成自己最想要的模样。也愿学弟学妹们最终能心想事成，墙外等红杏，芝兰玉树开。我们在未来等你。

你只管精彩，宇宙自有安排

湖南师范大学　新闻学　刘韵霞

印象很深刻的是高考前200天誓师大会时，那应该是我最紧张的时间段了。倒计时牌第一次挂上墙，这让我不适应且焦虑。接着会有一段混沌期，感觉自己听了、尝试了很多学习方法，就是看不到成效。回过头来看，真的是老师们和前辈们说的那样：不要急，踏实走好每一步即可。倒数100天誓师的时候，我记得当时益达还问过一些班里同学，发现大家心态都处于一种平和的状态，没有想象中的焦急，反而是"再给我100天来复习我也不想要了"。现在想来，是因为大家都找到备考的感觉了吧，那时的我们或许是状态最好的时候———一种"只待东风起"的状态。

关于大学、专业、自招，可能当时的闲余时间就喜欢"畅想"一下这些东西吧。现在的我只想说："倘若有幸选择了自己喜欢的专业，那么大学对一个人的塑造是超乎想象的。"我们大可以去期待明天，但最重要的一定是活在当下。所谓活在当下，说得轻巧，做起来很难，"活在当下"就是要把当下的每件事都做好——所以在期待未来之前，做好现在要做的事，不要做太多白日梦，更不要对未来有太多顾虑。

未来的路，总要走到那个关口才会看得清明嘛。在那之前，不要太在乎得失。直到现在，易树明老师这句话对我还适用——"埋头耕耘，不问收获"。不要急于看到学习成果，过程做好了，会有不错的结果的。已步入大学的我们也要学很多东西，只要是学习就不能急于求成，而我相信每个二中学子，都是要终身学习的人。

在学习中，有个很重要的事情——合作。现在还很感谢我高三最后一段时期的同桌：苏妹，因为有她最后那段备考的日子也很开心的过来了，最重要的是两个人一起的效率远高于一个人。我想1401的成绩很大一部分来源于我们彼此间的亲近与合作，经常能看到这样的情景：两个人一起抽考地图信息、几个人一起背文综、一个组的人一起制定计划、所有人共享一套资源……

每个人对自己的班都有特殊的感情，同样，1401的每个人都坚信我们的1401是特殊的、无可取代的"传奇"吧。我们对1401的爱，不仅来源于可爱的老师和同学，还关乎"优秀"。不得不说，集体的优秀能促进每个成员对它的认同感和归属感。如何增进班级感情？大概就是各抒所长，让自己的班级更"优秀"吧。

高考纵然有其令人诟病的地方，但不得不说，备战高考的日子让我养成了良好的学习习惯。到现在，在多为自主学习的大学，我仍然不曾放松，因为那种惜时的习惯，已经形成肌肉记忆了——因为我曾在课堂生动而又高效的1401待过，所以我不会在大学课堂上玩一整节课的手机；因为我曾在清早7点就有人早读的1401待过，所以我不会在宿舍天天睡到正午；因为我曾在人才辈出的1401待过，所以我不愿甘于头脑的平庸、精神的空虚、行动的低效。感谢优秀的1401，让我有幸见证优秀的你我！

本来写了很多对老师们的印象，但一写起来就收不住笔，未免稍显啰唆，所以就引用几句高考前最后一堂课老师们赠予我们的话：

政治易老师说："你们不用预测未来，你们是创造未来的人。"

地理许老师说："不是每个人都有梦想，但我看到的你们，都是有梦想的孩子。"

Hot说："我贺老师的学生还有什么好怕的噢。"

最后谨以一语赠与诸位二中学子："你只管精彩，宇宙自有安排！"

在一起

湖南师范大学　地理系　袁昕吟

1401，这个让我一想起来就觉得无比温暖的数字，是让我无比怀念的地方。

我记得遍布实验楼读书的我们，我记得在405嗨翻全场的我们，我记得在运动场上飞奔的我们。

我们组大概都是活宝，所以一直很热闹。因为宇子昨天打电话找我消磨光阴，所以我第一个想到他，说实话，宇子每次偷偷摸去405后被贺特抓住痛骂的时候，我们基本上是忍不住在底下偷笑的。他桌子上摆的一大堆高级书，可能只是为了遮挡他销魂的睡颜，最后全成了龙哥的精神粮食。他那一大堆饿得要死要活的情况下用饭钱买来的电子产品，除了电子词典为大家贡献良多，其他大多数不忍直视。快临近高考的时候，晚自习一到课间我们几个冲出去踢毽子，在405门前围成一大圈。被贺特看见的时候心慌得要命，结果她还加入了我们毽子大队。啊，还有一点不得不提，我们组一个两个全是水果大户，其实感觉大家都是吃水果成风，回一次家提一大袋来，一到周五就拼命分发没吃完的水果。然后经常会听见贺特喊：你们谁又在405放了水果！放了又不吃！都烂了，臭得要死！

总而言之，405是个好地方，嗯，你们都懂。

当然，我们组也不只是玩。我们会每天约着一起去背书，会互抽各种问题，会把自己做到的新题难题给其他人也看一看做一做，会把问过老师的问题分享给大家。宇子会老把他从日语书上看到的更为详细的文综知识告诉我们，虽然常常是以一脸欠揍的表情出现。蛙蛙和丹哥会很耐心地回答我各种智障问题，并且一句点到精髓。会和紫薇在做完操回教室路上一人一句背文言文，即使可能背着背着就混乱了。

关于学习经验，大佬们都会介绍很多啦。毕竟就学习而言，我向来算不上是个好学生，但勉强好像也算得上奋斗史。记得高一的时候还没有分科，大概六七百名，在年级都要吊车尾了，然后分科考试后进了1401，真的是很幸运。刚进一班的时候，在班上倒数第三第四的位置徘徊了一个学期，当时压力真的是很大，但是好歹后来慢慢在进步。我记得每一次进步贺特都会特地走到身边来表扬我，每一次退步也会把我叫出去聊天或者是轻轻拍一下我的头说：退步了啊。我记得每个科任老师都会很仔细地给我分析试卷，我记得每个在彭老师办公室度过的第九节课……现在作为在高数中挣扎的文科生，我无比怀念我可爱的彭老师，无比感激每周周考后发下来的理科数学周考卷。

现在想起来，自己高三那年其实过得挺轻松的。一是因为学习氛围吧，会让你觉得周末不回家在学校学习是一件最正常不过的事情（虽然我还是经常回家）。二是我偷偷带了手机啊，每天晚上晚自习后回寝的路上给我妈打电话，说自己一天发生了什么或者是一些无关紧要的事情，但是就是可以让心情很好。三可能是我很喜欢吃，早上起床总是为了二楼的蛋饼或者是小株百的蒸饺，所以从来不会觉得起太早很心塞。

说起吃，就想起有一阵子贺特老喜欢给我们提衡水中学，说衡水中学他们吃饭是跑着去的什么什么，然后我可爱的吕美就真的尝试了一下。一下课百米赛跑去食堂，不知道以一种什么样的恐怖速度吃完饭，然后就跑回教室学习。当然，不过几日就放弃了，她说吃太饱跑步胃痛……

或哭，或笑，或学习，或玩闹，都是无比珍贵的回忆，因为我们在一起。

高三是我最放松的一年

东北师范大学　教育系　陈希宇

说实话，我觉得高三是我一生中最放松的一年。

先简单说说我的一天吧：7点20起床—7点40到教室早读—8点00开始上课—课间去404游玩—12点15中饭—校园闲逛（大多数），找人聊天或者午睡—14点30下午课程—17点30晚饭—校园闲逛（大多数）或找人聊天—18点40晚自习—21点30回寝

从日程表就能看出来，我并不是个好学生，也的确如此（笑）。为了睡觉不吃早饭（但是我是非常喜欢食堂的卤粉的，阿姨甚至都记住了我的各种要求），不学习整天找人聊天，喜欢在学校里闲逛，违反学校22点00下晚自习的规定提早回寝，还有整天在绿色网吧（404）瞎玩，这些就可以说是我对高三日常生活的大部分印象了。

我十分喜欢在校内闲逛，以至于校内的大部分地方我都走遍了。我记忆中最喜欢的是在实验楼靠近校外的出口处，将校园内的长椅搬来，晒着太阳，悠闲地晒太阳。实验楼是除了教室外另一处充满回忆的地方，到了高三中后期，每次去闲逛的时候，就能看到同学们十分默契地保持一定的距离，沉默地看书或者大声朗读（当然不止于此，还能看到一些男男女女＝＝）。这时候和同学打个招呼，鼓励他们就十分有趣了。另一条游玩路线是走校门前的大路，到体育馆。体育馆一般没什么人，十分安静，正是可以安静思考（或者高声歌唱）的地方。在那我能调节自己的各种想法，行为，不受拘束。

404可以说是我们班的绿色网吧（虽然名义上用来学习），同学们有时会集中在里面学习，有时候又会聚在一起讨论，闲聊，玩耍。比如月考一

考完，大家就会在里面边玩电脑，边聊天，有时甚至会一起看电影，一起唱歌。我是绿色网吧的常驻人员，同学们想要找我时，一般都会直奔绿色网吧。

有日常生活，学习生活也不能少啊。语文课是自习课，数学课是烧脑课，英语课是恐惧课，政治课是闲聊+抽背课，历史课是讲题+调戏老师课，地理课是正经上课，对于我们要学的六门课，大家应该都是这个印象。

语文课上课时，任科的洪老师就会发挥他憨厚的特性，总是能做出让大家捧腹大笑的行为，但是时而又会出现大家都在上甲课做乙事的情况，总是令他尴尬的。数学的任科老师彭老师极具人格魅力，作为一个高中生的母亲，教育孩子不光没有影响她的教学，反而让她对我们更为严格（虽然我们也乐在其中就是了），不论风吹雨打，数学作业总是少不了的，而且每次考完试（不管周考、月考还是小考、大考），一张复习巩固卷总是少不了的（虽然感觉我的高考数学十分对不起她）。英语老师贺老师——全班核心人物，班级首脑，统领班级一切事物——作为班主任，作为德高望重的班主任，作为德艺双馨的老教师，给予了我们班级强大的凝聚力与向心力。虽然非常严格，但是十分关心我们的学习生活情况，总是能在我们迷茫的时候当头一棒，当然我也受过不少"照顾"就是了。

主科一结束，文科三女神就要出场了。政治易，历史邱，地理许，不管哪一位都是颜值与智慧并存，温柔与神力同在的人物。易老师可以说是十分风趣了，除了可怕的课前抽查之外，总体上还是很温柔的（对了，再除去考不好的时候）。上课总是能举出适当的例子让我们理解，下课还能耐心解读我们的问题（并且，当你心情不好，心里有疙瘩的时候，易老师是让你解开心结的首选。学过哲学的就是不一样）。邱老师可以说是十分温柔了，怎么说呢，能满足你对南方女性的所有特质性想法。温柔的声音，温柔的动作，温柔的讲解……（要是早生十年就好了）。还有，温柔的口音（笑哭）。许老师可以说是十分女神了，许老师给人的印象就应该是一袭白衣的白莲女神。重点是上课的时候坐在哪都行啊！

最后一段送给我高中的难姐难妹吕梦娟，没有她和我一起挨骂我是绝不能度过贺老师的"照顾"的，可以说是十分好笑了。

星光不问路人，时光也不问

湖南师范大学　地理系　刘钰琦

　　这是一个并不算优秀的学姐反反复复思考措辞了许久，才给你们写成的高中回忆录。不知道正在经历高中生活，甚至正处于高三这个特殊阶段的你们，会不会在成绩进步一点点时，有着仿佛拥有了全世界的好心情。这一路走来，无数次的失落过，似乎刚刚复习的知识点没过多久又变得模糊，一些订正的错题一次又一次的出错，面对一道题时的困惑不知从哪里开始表达。可是当你习惯这种状态之后，你便会释怀，这样才可以更好地去克服改变它。

　　有关学习方法，我尝试过很多种，甚至我都无法明确说出哪一种方法是最为有效的。不过我倒是建议你好好观察身边成绩名列前茅同学的学习经验，因为各种因素的影响下，我们的高三生活时间安排和学习历程都不太相同。但是你身边的同学却不然，你们平时学习习惯上的差距也许就是你要引起注意的地方。我坚信任何一种切实可行的方法，只要你日复一日的坚持，都可以成就你。

　　星光不问路人，时光也不问，这一句话我觉得很贴切高三的生活。真的，除了你自己，没有人会永远记住你的一次成就或者失败。所以千万不要因为一次成就便沾沾自喜，更不要因为一次失败就心生倦怠。只要在高考来临之前，接下来的任何一场考试都可以推覆前一场的任何心情。当我进入大学，我突然发现我们都无法成为超人，但是可以做一个执着的追梦者，不要总想着我要什么，多去思考我应该怎么做，像爬楼梯一样，告诉自己如果每多爬一阶都是很幸运的事情。

　　回忆高中三年，有快乐的回忆，也有不快乐的回忆，有踌躇满志，也有抱负难平。想把《归去来兮辞》中这样一句话送给学弟学妹：悟已往之不谏，知来者之可追，实迷途其未远，觉今是而昨非。任何时候只要你想好好开始，都不算太晚。你将要去的远方，将陪伴你四年的朋友，都取决于现在的你。把这段时间当做去看远方的风景和朋友的车票，这样你才不会讨厌它反而会享受它，如果你基础不牢，它便就是让你浑身难受的硬座；如果你已经打下了很好的基础，便可以轻松平静地乘上软卧。但是硬座也好，软卧也罢，不在乎过程的艰难与顺利，只在于你最后有没有遇见你心心念念的远方和不得不见的朋友。

在1401班生活是种什么体验

安徽大学新闻传播学院　网络与新媒体系　董雪琦

　　谢邀。毕业半年多后收到这份邀约，心情颇为复杂。一来是期末一到各种作业考试纷至沓来，二来是作为过来人在学习生活上居然没啥好传授的，这让我内心又沉重又歉疚。抓耳挠腮一番后，决定给各位亲爱的学弟学妹们讲一讲1401班这个神奇班级里的"神人"们。

　　第一位神人我尊称他为"大仙"，此人在高三这种紧张刺激的环境里犹如一位出尘高人，迎面走来都带着仙气。在神奇一班的教室旁边有一个神奇的地方，我们都爱它并给它取了一个清新的名字——"绿色网吧"。该网吧……啊不……该教室内安装了十多台（网速很快的）电脑，供大家更好地学习。而此大仙常年在绿网中飘荡，永远在查着你看不懂的网页，永远在买着让人摸不着头脑的东西，你若问他"大仙，你在看啥"，他只会回你嘿嘿一笑。说到这会不会有一种"此人真的在读高三吗？"的疑问？不要以为大仙真的不读书，他读书的时候还是很认真的，只是方式有点奇怪。比如用日语书背中国历史，用日语书背英语单词，用日语书背地理地图……大仙说"这样既可以背书又可以学日语，多好。"是的，这位大仙立志于去往东瀛诸岛，为了梦想非常努力地学习。恭喜他最终来到了离东瀛很近的东北大地，跨出了梦想的第一步。

　　第二位神人不是一个人乃是一个组织，我给他们取名为"飞天意面神教"。该组织成员都个性独特，喜好文史哲，在"绿网"谈论天下事时气势非凡。他们的桌上除了各种教科书和教辅资料还有厚厚的一垛文史哲书籍。学弟学妹们！这才是优秀的文科生哇！真正的人文素养从来不在高考考试而是在这些书里。你是不是又要问了，他们学习咋办？这个问题嘛，你们说不定可以在神教成员们自己的文章里得到答案。

再来最后一位神人，这是一位"真"女神。女神貌美如花，气质清新，性格可爱，最重要的是她在学习上所花的功夫令人叹服。女神每时每刻都在踏踏实实的学习，她来的很早，回寝回的很晚，上课从未看她困过，下课的每一个课间都在做题或者问问题……可能一些自以为头脑聪明的人要说"嘿，看她，我每天比她多休息好多个小时也不比她差了。"不过对于女神来说，这种紧密安排好的生活并不是痛苦，她内心知道她在一步步往前走。即使是到了现在上大学，女神辛勤学习的身影还偶尔会闪现在我脑海里让我不好意思地放下想要拿起的手机。

神奇一班的神人那么多，我只是随意挑了三个给大家讲一讲，目的是想要跟大家说：不要太把那些所谓的"经验"当回事，少左顾右盼多看看自己。回忆了那么多，忍不住要跟神人们打上一通电话叙叙旧，这篇无任何干货的文章就到这里了吧，最后希望学弟学妹们多做题、多背书，有时间多睡觉——时间是很快的，转眼间，一切都会过去，唯有珍惜。

高中学习和生活的一些经验教训

湘潭大学　会计专业　张姮辉

　　这篇文章，虽说是写经验教训，但，经验偏少，教训居多。我学习时存在一些不良习惯，但一直没能重视，习惯导致的结果从高一起日积月累，到高考之前，全部爆发，问题接踵而来，面对身体素质低和心理状态差的双重打击，我几乎毫无还手之力，一心想要调整学习方法，但是仍会在不知不觉间回到原点。现在记起上政治课时，易老师说到的：量变积累到一定程度，是会发生质变的。这大概就是对我那一段日子的学习状态的最好诠释了。

　　所以，就写下这些经验教训，希望学弟学妹们千万不要学我，以此为戒。

　　首先，身体是革命的本钱，在高三的学习中，适量的身体锻炼非常重要，这不仅能缓解紧张的情绪和久坐引发的一些健康问题，还能为高考前夕高强度的学习奠定一个物质基础。在高三，我们班有很多同学晚上结伴一同跑步，有的同学还因为这一段时间坚持夜跑，减掉了很多体重，可谓学习、健康双收。但是我，为了节约一些学习时间，常常在教室坐到很晚，一整天的久坐带来了许多健康问题，比如头晕眼花、便秘、脊椎酸痛等等，到最后学习中注意力不集中，记忆力下降，我想，大概和长期不运动也有些关联。所以，适当的运动非常重要，即使在高三，也是需要重视的。

　　其次，需要怀着一颗平和之心，不能急功近利。现在好像特别流行"佛系"的说法，说的是"不以物喜，不以己悲""一切随缘"的生活态度，平和之心和这个有点儿相似，但也有不同。学习是一个长期积累的过程，是一个不断发现问题，查漏补缺的过程，更是一个需要拿出学习的热情来积极思考的过程，高三的学习虽苦，但其中也有清甜滋味，这需要有一颗积极乐观、善于思考和发现的心来找寻；但是，对于月考成绩，大家尽可以保持平和宁静，不要想着，我付出了这么多，我的努力一定要在月考成绩上有所体现，急功近利地追求成绩，这无异于将更多压力压在自己肩头。埋头耕耘，不问收获。这是易老师曾经叮嘱我们的，也是我想和你们分享的。

然后，就是最重要的学习习惯问题了。首先，我想说一说笔记问题，我抄笔记逻辑性不强，而且没有抄在固定的本子上，写笔记时，没有注意抓住重点，导致最后没有固定的笔记本作为复习资料，想要查找笔记，却充满困难，书本的正文旁笔记过多不容易阅读，这给复习无形之间增加了难度。其次，试卷及时整理，标明日期，存档也非常重要，这可以使学习进程有条不紊，不至于出现试卷找不到的情况，既节约了时间，又能为你带来好心情。然后，一个问题分类记录本也很重要，及时解决学习中出现的问题，最好留出一部分区域写下自己的思考和知识点引申，知识之间的联系会便于你更好的记忆和理解。

在学习之外，高中还有其他许许多多的小美好，学弟学妹们好好珍惜这一段时光吧~我记得，高三那年冬天，朔风冷雨，寒意穿过皮肉扎进骨头里的那种冷，我和朋友们举着伞，缩在一起，快步赶回寝室，冷雨渗进鞋子里都没有察觉；那时回到寝室，和室友飞快抢占洗手池，刷牙洗脸，因为，离熄灯还剩3分钟。这种感觉紧张而充实，当一切尘埃落定，你会因为当时的简单和执着，欣慰地弯起嘴角。

（转变一下画风：其实还有各种好玩有趣的事情在高中时光里发生呐，每个人体会不同，这就有待自己好好发现了~体育课和小伙伴们一起打球，或者绕着操场转圈，谈天说地；下课找老师问问题，老师的悉心教导会让那颗被试卷虐惨的心重新温暖起来；晚上欣赏室友画的小漫画，顺便吐槽一下最近发生的趣事；和组里的小伙伴一起逛淘宝，买东西，一起分享零食啥的；还有，就是听贺老师讲故事了——咱贺特有一大桶励志鸡汤等你品尝，而且都是真人真事~绝对能让你一下找到学习的感觉~）

加油！给你们打加油！

某不知名学长留给学弟学妹的愿望清单

中国矿业大学　法学专业　汤吉安

习惯了学弟的称呼，突然晋升为学长来给二中的学弟学妹们写些东西，既意外又倍感荣幸。作为高考的过来人，我打算用自己的"亲身经历"来给正在奋斗的你们列出以下的清单，谈不上什么至理名言，却是学长走过高中这条路过后，留给学弟学妹的几条建议，或者说，替学长实现他在高中未完成的愿望。

如果你想努力，请一定一定至少从高二开始。现在回忆起自己平淡无奇的高考成绩，细细反思，觉得很大一部分原因就是高二时期基础并不牢固。高二是我们在高中学习新知识的最后阶段，如果此时不将知识点学懂学透，拖延到高三，在那样高强度快节奏的复习进程下，再想吃透它实在是太难了，也许你能成功，但是要付出比常人不知多少倍的努力。与其在高三忙得焦头烂额，不如未雨绸缪，在高一至少是高二就打下坚实的学科基础。

Read loudly, please. 早读时请暂时收起你文静的一面，大声且投入地读出一个不一样的你。回想起分班后的第一次早读，贺老师进门的第一句话就吼："声音大点！都没吃早饭吗？"贺老师的这句话吓得我们立马抬高了声音，而且这一抬就是三年。高三冲刺的那段日子，早晨无论是教室里、走廊上，还是旁边的实验楼，都能听到"1401的声音"。女生还好点，我有一哥们一开嗓整层楼都听得见，当然作为男生的我有时也不示弱，同样抬高音量大声读着，声音就这样此起彼伏，持续了一个又一个早晨。正是这样"激情"的早读，令我无论记什么都特别高效，并且多亏了那段大声朗读英语的日子，我的口语也有了很大的提升。请记住：你读的不是课本，而是自己的青春。

实验楼是个好地方，是你"静心修炼"的绝佳场所。如果你中午或者傍晚不习惯于教室里嘈杂、压抑的环境，可以带上书本、穿过天桥到实验楼自习。不需要桌椅，直接在四楼或者五楼的长廊上席地而坐，感受到的不再是人造的冷气而是拂过的清风；抬头看到的不再是大红的奋斗标语而是辽阔的蓝天，我想，此时的你一定更有方向与动力，去写下一条条政治原理或阐述你的历史观点吧。

埋头学习很重要，但适当地劳逸结合可以令你事半功倍。如果久视理综公式或文综大题令你头晕脑胀，不如放下手中的笔，给自己的大脑放个"小假"。记得我们高三那会儿，学校给我们班级在405配备了一间电子阅览室，里面的电脑可供我们查阅资料、寻找学习资源，可我们私下里还给它取了另一个名字："405绿色网吧。"每到空闲之余，总会悄咪咪地过去浏览网站，玩些小游戏，这些都为枯燥无味的高三学习添了几分乐趣。但需要注意的，劳逸结合很重要，适度原则亦不能忘。

每天坚持适量运动，这是无论何时皆准的真理。运动不单给你强健的体魄，让你有更充沛的精力投入学习，还能发泄你一天的情绪，将所有的负能量抛之脑后。你可以在一天中的任何时间任何地点锻炼：体育课、晚自习之前或者过后的操场，如果这些时间都不令你满意，可以考虑借鉴我们那时的"饭点竞速"时间，即一打第五节课铃，便以最快的速度跑步冲向食堂，这当中既靠长跑锻炼了身体，又节省了排队打饭的时间，何乐不为？

高三的路不是你一个人在走，身边的朋友是你前进的最大动力。请别一个人独来独往，因为一个人奋斗的日子真的很难熬。找几个知心朋友遇到挫折相互鼓励，有了进步一同分享，即便是毕业了也请常保持联系，因为他们是你无价的财富。我特别感谢我们组的所有成员，在艰难的日子里我们一起搀扶度过，留下了一段辛酸但又美好的回忆，无论多少次再翻出之前的照片，眼眶都不禁一热。感谢你们，得之我幸。

时光如梭，岁月如歌。愿学长的肺腑之言能帮助学弟学妹们找到属于自己的人生方向，二中的下一个传奇就靠你们来书写！

我庆幸我还是坚持了下来

海南大学　新闻传播学类　张旖旎

现在回忆起高三，那些于我而言无数个辗转难眠的夜晚，那段眼泪常常会在眼眶里打转然后忽然落下的日子……一张张试卷、一次次分数与排名、一遍遍打击与失落……那些我曾以为自己熬不过的日子、跨不过去的坎儿，在我现在看来似乎都无足挂齿，但于当时的我而言它们就是很大很大的障碍啊！痛苦、焦虑、悲伤、失望……回忆起那些个令我心力憔悴的日日夜夜啊，我庆幸我还是坚持了下来。

可以说我的高中就是一部坎坷史，从一开始就让我撞上了一个大坑。初入高中时的第一次月考，我对自己怀有极大的期望，但现实却回了我一个大大的打击。我们班共有50多人，年级1000多人，那次月考我是班上的倒数，年级200多名，这于从小到大都名列班级前茅的我来说无疑是第一次沉重打击。似乎自那以后，我的睡眠开始出现问题——失眠。虽然第二次月考，我一下子冲进年级前30，但睡眠问题仍然没有好转，一直伴我到高中毕业，也许这就成了那次考试的后遗症吧。我的成绩时好时差，起起伏伏，有时能冲进年级前十，有时跌入年级50开外，我就这样一路跌跌撞撞地走到了高三。

到了高三，就如来到了一个新世界，几乎每天都有考试和分数、每天成堆的练习题、每月一次的年级大排名，还有数不清的各个学校的试卷……这些几乎快把我压得喘不过气来。其实，我最害怕考试，因为每一次考试过后都会有班级排名、年级排名，我害怕去看它们，怕自己还是在原地没有前进或者是退步变得更糟。父母都说我身上的包袱太重了，让我不要有压力，他们鼓励我、相信我，从未因我成绩不佳而责怪我。可是我并没觉得自己有背包袱，但我却真的感到很累，还有无法释放的压抑。我是班长，害怕自己成不了榜样；父母老师太相信我，但我害怕自己达不到他们的期望。整个高三，我似乎都被负能量充斥，时常有想哭的冲动，夜里睡不着觉，经常心里发慌和不安，一看到时间和数字就会紧张……我知道那些说烂了的心灵鸡汤，会给自己加油，我也向心理老师、同学、父母寻求帮助，可这些都无法完全抹去我内心的焦虑，我还是一样患得患失、内心压抑和恐惧。这种跌入黑洞害怕自己再也爬不出来的恐惧之感，真的只有自己能感受到啊！所以那些心灵鸡汤和鼓励，不是除自己以外的人想得那么简单就能安抚一个人的。在老师、父母和朋友看来，这些压力似乎没什么，只不过是自己给自己无故添堵，但于当时的我而言，它真的真的就如天之大压在我身上让我感觉要窒息啊！这些感受，除了自己外，还有谁能真正体会到。

第五节课下课后继续留在座位上学习，20分钟后再跑去食堂只为了不用排队，然后以最快的速度吃完饭；课间不敢和组员一起嬉闹，怕荒了这十分钟的宝贵时间；晚饭有时随意啃个面包或不吃……一切一切都是为了抓住宝贵的一分一秒。觉得自己很努力了，但仍会觉得永远有人比你更努力，所以因为这样，似乎自己不能喊苦喊累，因为自己不是最累的那一个。那时我就是这样以为的，没有人告诉我我这样想对不对，即使是现在，我也不知道这有无道理。

高三那段让我紧张不安的日子，我的的确确是再也不想返回了，但因为我遇见了他们，我的老师和同学，在1401这个温暖的大家庭，那段时光啊，也就不是那么遥遥无期了。我真是有幸能成为1401大家庭的一分子，遇到了认真负责又可亲的老师、活泼可爱充满能量的同学，还有温柔贴心的1401所有爸爸妈妈。

办公室里排着队等候问问题的同学；每次讲评试卷时都会鼓励我们的老师；不管前路多曲折依然充满活力的同学；在我考砸后伤心难过时安慰我的室友；陪我一起吃我18岁的蛋糕、给我写好多贺卡、在群里祝福我的1401小可爱们；还有从高考倒数几十天开始，每晚带着小点心来值晚自习的爸爸妈妈们……1401这个小小的家，给了我很大很大的温暖。

还有我的父亲、母亲，他们不想给我压力，不论我考的是好是差，他们都是给予我鼓励，从未给我责怪。老师、同学、朋友都给了我许多关怀，但让我能一直坚持下来的最大力量是他们啊，是我的父母。每次我觉得自己考砸的时候，我都好自责好自责，深深地觉得对不起爸爸妈妈，更无脸去面对他们。他们对我越好，我的这种自责之感就越强。但我真的很感谢他们对我的信任与持续不断的鼓励，若不是有他们的陪伴，我恐怕早已支撑不下去了吧。

我感谢我曾遇见的每一个人，是缘分，更是幸运。

除此之外，我还想感谢一个人——我自己。我感谢自己终是没有选择放弃，虽然曾痛苦到要窒息，但我还是坚持下来了。所以我想对挺过那段令你身心疲惫的日子的旖旎说："感谢你坚强，没有放弃。"

遇到真正的自己

广西大学　汉语言文学专业　陈雨轩

高中三年的生活有苦有甜，有过欢笑有过泪水，有过闲暇有过汗水，至今忆起，感觉仍然妙不可言。

三年，我遇到了我最可爱的一群同学们。我们不仅是一个班，一个团体，更是一个无比温暖的大家庭。我仍记得高二时，大家一起为了一个话剧而奋斗，最终获得了全场的掌声与泪水；我仍记得高三时，大家在运动场上的绽放，一举斩获高三组团体总分的第一名；我仍记得大家在高考前，刷题时班上安静的只听得见飒飒笔声，和清晨在楼梯间走廊各处的朗朗读书声；我仍记得那段在我们的专属电脑室的快乐时光，一起讨论有趣的学科问题，或是偶尔一起休闲放松，听听音乐。大家都在很努力地学习，超越原来的自己。高中生活虽然紧张，但是有这么一群可爱而又活泼生动的同学，亦为高中生活增添了一丝乐趣。

三年，我遇到了人生中很重要的一位老师——贺老师。她是我们的班主任老师，却更像是我们的朋友，我们的亲人，在我们学习生活的时候给予我们无微不至的关照。严师出高徒，她对我们的要求非常严格，对待每一个学生的学习情况都了解得非常详细，并且经常会叫同学去她办公室"喝茶"。但是，每当我们班同学气氛活跃，参加活动的时候，她却褪去了严格的那一面，非常热情地融入班上同学之中，或者为我们鼓舞加油。这是多么可爱可敬的一位长者啊！高中毕业半年了，我却仍然怀念着她的絮絮叨叨与点点滴滴。谢谢贺老师，让我学会了自律。

三年，我遇到了真正的我自己。高考一词，虽然听上去令人有些畏惧，但如果你真真正正脚踏实地地复习，你会发现高考并不像传说中的那么难，甚至比我们的月考还要简单。它不是一场临时的激战，而是一场持久战，它不仅考验我们的学习功底，更考验我们的心态，我们的毅力。在高考面前，我们都站在同一条起跑线上，没有汗水的赛程是不完整的，所以，备战高考，就算我们不能赢得第一，我们也必须要尽全力挥洒汗水，拥有争夺第一名的野心。在高考前，你会发现一个真正认真的你，刻苦的你，有毅力的你，有梦想的你，一个你从未发现过有如此潜力的你。

现在想来，我对于高中时期的自己，是非常不满意的，后悔当时的自己浪费了太多时间。那个时候，我没有在学校住宿，而是选择了回家住。家离学校也挺远的，每天一来一回就要消耗差不多一个小时的时间。我在回家的时候，我的其他同学正在努力的复习。家里的学习气氛远不如班上，当时学习压力也非常大，再加上我自己的不自觉，那时我经常偷偷躲在被窝里看小说。月考成绩出来了，我的成绩却是一落千丈。贺老师非常震惊，忙把我叫到办公室询问我的学习情况。我当时不敢说，贺老师却看出了端倪，叫我搬回学校宿舍住。但是我住回到学校之后，仍然放不下手机上的小说，所以成绩一直在往下掉。后来贺老师为了让我静心学习，强制收走了手机，我才重新把注意力放回学习上。但是这个时候，我再努力，也难以追上那些努力学习的同学们了。现在想想真的是非常的后悔当时的不自律。作为一个过来人，我真的想告诫学弟学妹们，一定要把注意力集中到学习上，高中时期真的一定要远离手机，因为你真的不一定那么自律。

好好珍惜这段高中的美好时光吧，好好珍惜高中这段时间里和你一起奋斗一起走过的同学吧，好好珍惜时间吧！等你高中毕业再回忆起这段时光，你将会感受到这段时光和同学感情的值得与拥有它的无悔。那些陪伴你成长的老师，还在这里关注着你！好想念你呀，我的母校，好想念你们呀，我的恩师！

减压独门秘籍

湘潭大学　党史专业　汤欣钰

亲爱的学弟学妹们你们好哇！想必我班其他学霸已经分享够多的学习经验和教训了，我再分享也是些重复的啦，所以就不再说这些了。然后我既不是学霸，也不算太渣，学习经验可能也没什么借鉴意义哈哈，我就分享点那些年1401的减压招数吧！

第一招：假装沉思暗自偷笑法

我们班是在四楼，最高层。每次站在走廊边总会有一种"一览众山小"的感觉。我在楼上俯视你，而你在楼下45度角仰望我，你只能看到我的下巴，而我看到了你的全部。此时此刻，你可以静若兔子靠着墙壁，观察楼下一切活动，看着楼下同学因为开一句玩笑或是抢了别人的零食满走廊狂跑的有趣样子；看到一堆男生聚众你一嘴我一嘴地谈论篮球的样子；或是惊奇发现某位同学正被老师教训的苦逼样子……你可以笑，但一定不要被发现噢。这个方法适合久坐教室读书后的片刻闲暇，笑笑心情会愉悦很多的。

第二招：群龙咆哮法

有时候晚上晚自习课间休息，总会听到某人的一声长啸，别小看这一声长啸，威力可大了，它会召集出小小四合院所有班级的怪兽。于是你会听到长啸声接二连三地来了，走廊里还惊奇地站满了人，这个时候你就可以放心地冲着天空大叫几声，释放你的压力，哈哈大笑一番。除非年级主任这个大BOSS出来吹口哨，这场战争是不会结束的。你也不必担心，正所谓"团结就是力量"，这么多人咆哮，不会抓到你的啦哈哈，而且学校很亲民也不会太介意啦，大声喊一喊吧！这个方法适当就好，不建议常用，如果你不怕年级主任这个大BOSS的话。

第三招：调整呼吸跑步法

当年虽然我们步入了高三，但是许多同学还是在坚持每天跑步。早上五六点从温床中爬起，听着音乐围绕宿舍一个小圈里跑十多圈，跑完冲个热水澡换上衣服香喷喷地出门早读；夜晚自习到10点多相约一起去操场跑几圈，回寝冲澡然后睡觉，不用说，这个睡眠肯定如修仙一样舒服。最重要的睡眠质量以及身体状况，都受益其中，那你还有什么好犹豫的呢！

第四招：课间自娱自乐法

别说，我们班好玩的花样还真的多。课余每次都可以看到咱班男生女生一起踢毽子跳绳，吵吵闹闹的，有时甚至吵到别的班级然后还会被hot臭骂一顿（不过骂都是假的，她特别好，有时还会加入我们偷偷叫我们小声点呢）。总之，我想说的是，找到自己的休闲方法适当放松那便是极好喔！

第五招：调侃老师法

我们班的老师都特别的好、特别的可爱，因此我们最爱夸老师，比如"易老师，你今天又变美了""彭老师，你每天一套衣服，简直是时尚达人啊""莲子姐，你最厉害咯""涛子（给语文老师的外号），开一场演唱会吧，就唱求佛！""邱老师，你怎么这么可爱咯""许老师你简直是气质女神"。每次老师们听了表面上极嫌弃我们拍马屁心里又十分开心的样子，不过我们夸奖当然是由心而发的啦，这种小玩笑，是我们消除瞌睡的小妙计，同时，这也是我们与老师相处时的润滑剂。

一定要和你们的老师好好相处噢。

补充一下：表白1401班的所有老师，很爱你们！！

第六招：爱上体育课法

许多同学到高三就不想上体育课，整天在教室一动不动坐凳如佛，我很想问，难道你屁股就不痛脖子就不感到酸吗？1401班的原则就是不上什么课都可以，就是不能缺体育课。咱班女生特别多女神也很多，男生只有七个，但是我们班女生最喜欢的运动就属足球了，跑起来都是不在乎形象的，每次都一脸红扑扑地走回教室上语文课，语文老师就会很无奈地说："干脆把语文课当成休息课吧。都擦擦汗扇扇风。"（当然这不是我强调的重点，而且你们的语文老师肯定没我们的可爱）所以啊，体育课一定得上啊真的很好玩，出出汗很开心的，我们的超级无敌足球小分队，毕业后也会再聚的。

　　好啦，暂且想到这么多，就写到这啦，哈哈剩下的要不要下回分解呢？这是1401独门解压秘籍，我都大方地分享给你们啦，择其适者而从之，保持良好的心态努力拼搏吧！最后，祝你们前程似锦，考上理想的大学！

超水平发挥，纯属运气

湖南大学　广播电视编导系　梁容榕

话说高考经验这种东西我真的不知道怎么写啊……因为我在我班众多学霸里头实在是，完全不起眼，甚至拖后腿，而且甘于拖后腿……我能分享的那一点点经验，其他的同学肯定都完全分享过，所以我是真不知道还能说点啥，那就随便唠嗑吧。

首先，我是艺术生，学编导的。其次，我高考是极其超水平发挥，比平时成绩（520+）高了差不多60分（583），所以我会主要针对这两方面跟大家唠一唠。

关于学艺术，大家还是要谨慎。这条路还真是没那么好走。一个是竞争压力大（尤其是你去校考的时候，旁边跟你一块面试的从国际大奖赛得主到意大利留学归来的人都有，我一个普通高中生话都说不出……恐怖如斯），另一个是确实在某种意义上挺辛苦的，如果你不是真心喜爱的话，在集训的时候每天的重复劳动能让你抓狂。但是如果你喜欢的话，学艺术那段时间还是会很好玩。我记得我集训的时候前期基本上每天就是背文常+看电影写影评+写故事+练即兴评述，不存在玩手机的，因为手机会被收掉，伙食太差连吃碗馄饨面都要悄咪咪翻墙……说多了都是泪啊哈哈哈。

关于高考超水平发挥这件事我觉得真的是纯属运气了。但是一定要有自信。我记得我高考前一个月的时候虽然和别人说都是开玩笑"啊哈哈我能有520就可以了"，但是在心里一直觉得"我一定会考到580以上"，不知道为什么，就是有这种迷之自信。最后就真的考到了580了……还有一个点是不要有压力。因为我去考试的时候是拿到了一张海南大学的校考合格证，相当于400分左右就差不多可以上海南大学了，所以上考场的时候我是抱着一种"反正我滚着考也能上一本完全轻松写意啊"的心态，然后就考得贼好……

所以说学弟学妹真的不要有压力，高考题是没有二中考试的题目难的，大家好好发挥的话都会比平时考得好。

关于学习方法的话，跟着老师走，保证你可以上一本线（笑）。我非常非常感谢我的所有老师，因为老师其实没有义务把你从泥淖里拉起来，但是他们就是这么做了，赶着又懒又丧的我往前走，尤其是数学老师彭老师，真的给我非常多的帮助……哎呀扯远了。然后还是，不要那么懒，至少作业要做完（虽然我也没做到）。

我觉得贺老师带出来的学生不用我劝你们学习吧，那我劝劝你们别老搞学习吧。虽然这听起来和高三的主题矛盾但其实不然，要知道坐在你身边的这帮人（包括你自己）都是极其优秀的人，每个人都有着有趣的灵魂。大家一起吃喝玩乐，互相帮助，讲讲诗词歌赋人生理想，聊些平平无奇的和禁忌敏感的话题，很有意思的。而且一定要趁这个机会多看书。我记得高三那段时间每天中午吃饭的时候，基本不是在看书就是在看电影，而且真的是多难读的书都能看得津津有味，连萨特的小说都能拿来下饭……到了大学就不行了。

反正一句话：不要痛苦的度过高三，要快乐的度过高三。你看我这么天天摸鱼划水的人都能超水平发挥，没理由努力又优秀的你们做不到，对吧。

那些年，我经历过的青春

长沙理工大学　会计学　陈　红

时常在脑海中回想过去三年发生的事情，嘴角不自觉上扬，内心有很多很多想说的话，情绪复杂，但当我真正提笔来回忆时又不知从何谈起。

没有进入二中之前，总是幻想着成为二中学子；可真正踏进二中之后，又在期待着哪一天能够"逃离"这儿；但当自己真的要离开这儿时，又开始怀念。过去三年，我的生活里到处都是二中的花草，二中的人，二中的一切一切……他们带给我的不仅仅是一个很好的学习环境，更多的是生活上的乐趣。等你离开后你会发现那段时光是你生命中最美好的一段记忆。在那儿，你会遇见乐意细心为你解疑答惑的老师们，结交到能够听你诉说心事的好友，经历一些难忘的回忆……

我从来都不是一个非常优秀的人，我也曾因为考试的失利而伤心，因为老师的批评而难受，但那些当时让我难过的事情现在回想起来也没什么大不了，一切都会过去的。那段时光里我最怀念的还是忙里偷闲的日子，我会与朋友在实验楼里偷偷谈心，在夜晚的天台上聊着我们的未来，有时候不说话就静静地看看天空中的月亮和星星，放空自己，都很美好。

在高三时，我曾在无意中读到了刘瑜写给自己孩子的一篇文章《愿你慢慢长大》，里面写到"不是每个人都能找到人生的方向感，又恰好拥有与这个梦想相匹配的能力——也不是每个人都有与其梦想成比例的能力"，所以你可以有自己的梦想，但是当你发现自己的能力达不到自己的目标时也无需气馁，很多时候，你的经历也是你的财富，只要未来你自己回想起来不会后悔，那就足够了！我很庆幸我有着体谅我的父母，他们不会逼我，不会因为我的能力不足而对我失望，更多时候，他们给予我的都是鼓励。每个父母都望子成龙，望女成凤，但是不管高中三年最后的结果怎么样，你们的关系不会改变，你依然是他们最爱的孩子，在他们的眼里你依然是最棒的。所以，不要有太大的包袱，尽自己所能去做不会让自己后悔的事情。

当你觉得现在才高一，还早，高中生活还很长的时候，你似乎没有发现时光在悄悄溜走，转眼就到了高三。二中每年都有毕业生，但每年的毕业生都不同；二中每年都有离别季，但每年的离别景却都一样——散了一群人。记得珍惜你现有的高中时光，珍惜在你身边的那群人，是他们构成了那些年里你经历的青春。

最后，记得加油！

努力过，便无悔

湖北中医药大学　中医学（5+3）　李　津

高中三年，高一我是在平行班平淡无奇地度过的。到了高二文理分班，其实也没想到自己能进重点班，进了重点班以后也一直战战兢兢，脑中时常回荡着贺老师鞭策我们平行班进来的学生的话：不努力就出去！（现在想起来还是觉得很可怕）随着这种心情而来的，是我那如同三角函数图像一般的成绩走向。

结束这种情况的，是高三下学期开学不久后，月考成绩出来后的某一个早自习，我被贺老师约到走廊谈话，她说："别人都在进步，要么也是几名几名的退，你一次倒好，给我退了85名，你这是开飞机！这是不行的啦！没有时间了啊。"

谈话过后，我高三的紧迫感越来越强。因为向贺老师的保证，因为不想自己日后后悔，我从一个每天等着小说更新的人，变成了主动上交自己智能手机，换成2G无网诺基亚的人；从一个做事拖拉，任务型完成作业的人，变成了提前一晚就制定好第二天学习任务，并且优先完成自己制定任务的人。优先完成自己制定任务的方法是从我的学霸同桌张千千那儿学来的，她说："作业到最后你一定会逼着自己写完的，但是你先完成了作业，特别是时间所剩无几时，你可能会选择放弃自己的复习任务。"的确，这是一个提高自己效率的好方法，但是前提是，自己的学习计划必须要制定科学，不然学习动力会被自己完不成任务的挫败感所影响！

现在回想，高三抛弃了智能手机，卸载了微博，远离了小说，反倒是自己为数不多的，过得十分充实，目标性极强的一段时光。早早的和黎紫薇一起到行政楼背书，课后和尹露薇一起互相答疑抽背，自习课缠着邱老师、易老师问问题，每次月考后缠着许老师分析试卷，高三下学期每次月考进步后贺老师的鼓励，彭老师惊人的语速，晚自习课间在操场跑步放松的自己，划去本天完成任务的成就感……

高三下学期，充实而短暂。其实我的心态一直挺好，挺放松，包括高考成绩出来后，我很明确地知道成绩不尽如人意，但是好在我不后悔。因为现在回想起高中，我眼前闪现的都是一个有明确目标，能为未来的自己负责的李津。大概是高三我真的是认真而努力的过来的，而高考于我而言更像是一场冒险，一次运气比拼。不幸的是，我没能延续高三成绩不断进步的好运。但是，一次考试失利并不能说明什么，也不能将日后的人生定生死，哪怕它可能是人生中最重要的一场考试，所以，它不会成为我堕落、放弃自己的理由，我只会更努力！

人生，哪能不存一点点遗憾呢。这一点，真的得像活得肆意潇洒，时而霸气时而孩子气的贺老师学习！

写到最后，其实还是感谢吧，感谢那些年努力过的自己，感谢那些年陪我一起努力过的你们！以及正在一起努力的你们！

我的二中，心里骄傲

一片沃土，孕育着无数莘莘学子，那是他们通向理想圣地的跳板，亦是他们回望的地方，不舍——也难忘。离校一个学期了，差不多六个月，仍依旧记得那红砖、那池水、那桂花，还有那些人……因为那是我的二中，心里骄傲。

刚分到1401时，心里还带着忐忑，优秀的班级，优秀的老师，优秀的同学，给了我不少压力。但同样欣喜的，我有这么好的班级、这么好的老师和这么好的同学。我曾不止一次觉得自己是幸运的，当然这种幸运也带给我很多。学习的氛围使我有动力去努力，也为了自己，为了以后；老师的负责使我清楚了每道问题；同学的友好使我消除了交往的焦虑……记得最深的是高三的运动会我们班拿了年级的团体总分第一，意味着我们文科班超过了那些男生居多的理科班！那次颁奖时我们的欢呼声是多么"震撼"，可以想想我们有多激动——1401就是一个能创造奇迹的班级体！也是从那时起，感觉我们班的女生全部晋升为"女汉子"，不仅会学习更会搞体育。还有话剧表演，我们班的演员个个辛苦排练，最后也不负努力让班级拿了金奖。至于学习经验，我们班的"大佬们"也不会辜负学弟学妹们的。

记忆太多，回忆太慢，总会有无数片段在脑海挥之不去，但是我甘之如饴，这是我在母校的点点滴滴，记录着我15到17岁的青葱岁月和那个充满奇迹的班级1401，这一届的"神话"在高考录取榜出来时终于书写……

累并快乐着

北京师范大学香港浸会大学联合国际学院　财务管理　钟佳作

上大学也快四个月了，高中的点点滴滴依然历历在目。我不知道是以一个过来人的身份，还是以一个抱有遗憾的毕业生的身份来写下这篇文章。我永远不会忘记，每个清晨1401的同学永远是最早来到教室的，读书声也是最清晰最响亮的。更加不会忘记每个午后，我们各自蹲坐在走廊的某一个角落，捧起一本书就开始兴致勃勃地读起来。那些日子，实验楼的走道几乎是很难行走的，因为我们班的同学早早就占好了位置（席地而坐），选好了自己的一片天地，无所顾忌地沉浸在知识的海洋中。当然，上课时我们班同学争分夺秒地记笔记的场面，直到今天我也是十分想念的，那种氛围大概以后都难以看见了吧。下课同学们依然穷追不舍，排着队跟着老师从教室一直走到办公室，不放弃一分一秒问问题的时间。我想，1401班的学习氛围真的是我十二年读书生涯中遇到过的最浓厚的班级。也许，高三的疲惫真的可以把人击垮，但事实证明，1401班的同学在压力面前变得格外的强大，仿佛都是击不垮的铁人。每天都有着十足的精神去面对各种试卷与考验，尽管不断做着重复的事情，但在我们眼里，一切知识都是新鲜的，都可以成为自己的增长点。还记得，那时候晚自习下课是10点40，同学们并没有因为一天繁忙的学习而急于回寝室休息，而是和时间赛跑，直到10点50的铃声响起才开始收拾书包。只是在路上加快步伐，将一切学习之外的时间降到最少。同学们晚上很快地洗漱完毕后便开启了小夜灯，将剩余的所有精力再次投入学习。大概，这就是高三最后的生活吧，累并快乐着。1401班也是个很活跃的班级，在校运会等各项比赛中毫不逊色于其他班，更是一个懂得感恩的班级，教师节不忘给老师送上最真挚的祝福。高中三年，在1401学到了很多，不仅是学习，更是做人。不会忘记班主任贺月莲老师对我们的教诲：做人永远是第一位的。学校也给了我们班很好的待遇——一个配有很多台电脑的自习室，这也为我们查阅资料提供了一个便捷舒适的环境。我最想说的，还是感激，感激遇到了一群这么负责的老师，遇到了一群这么优秀的同学们，遇到了1401这个温暖的大家庭。1401也将成为我今后人生路上的起点，也是我提起来最值得骄傲的事情。

珍惜当下

湖南科技大学　法学　黎紫薇

　　学弟学妹们，你们好！首先呢能以这样的形式和你们交流，感觉挺奇妙的。也希望我接下来所说的话能对你们有所帮助。谈到学习，由于本人也是个学习成绩不怎么好的人，所以也没有什么资格能够向你们传授经验。那么我接下来要说的是学习之外的一些事情。

　　好好珍惜，你所在的班级。首先，身在贺老师的班，你们应该感到庆幸。因为你们的周围全部都是那些十分优秀的同学。他们身上永远有着许多你可以学习的地方，任何被这种氛围熏陶的人都是十分幸福的人。可能你和他们每天朝夕相处，对于这种氛围习以为常了，不会有什么特别的感觉。但是当你考上了一所不是那么理想的大学，比方说我，你才会知道那一种氛围是多少人渴望的。刚进大学的我有点不适应，不是因为别的，而是因为高中的同学太优秀，以至于我习惯了这一份优秀。而大学的同学，带给我的更多的是失望和落差。所以你就会后悔当初的自己为什么没有再努力一点点。学弟学妹们，要好好珍惜你们现在这个优秀的环境，好好享受，好好去学。不要放弃任何一个可以把握的机会。只有这样，你才不会后悔。

　　好好珍惜，你所在的寝室。之前我总是在微博上看到这样的话：大学一个人独来独往是很正常的事。当时的我还不相信，我也并不认为每个人都可以习惯寂寞。可是到了大学我才发现，并不是每个人都可以像高中的那群疯婆娘一样，陪你哭，陪你笑，陪你闹。永远那么单纯，单纯地可爱。进了大学才发现，可以陪你深谈的人少了，可以跟你交心的人也少了。每个人都有不同的奋斗目标，都有不同的生活方式。而你并不能勉强他们和你一样。很多时候你甚至更愿意一个人行动，因为你没有那么多顾虑，也不会小心翼翼。总而言之，舒不舒服只有你自己心里清楚。而高中三年，和舍友的感情，成为你一辈子最不能忘却的情感，和舍友的相处，成为你一辈子最宝贵的经历。在这里我也要向那些伴随我走过三年，包容我所有任性和小脾气的女孩们说声谢谢。谢谢我的生命里有你们。

总而言之，好好珍惜你们现在所拥有的一切，错过了就真的没了。

只顾攀登莫问高

中央美院　杨昕湉

前两天在回美院的路上听见一个背着画袋的女孩说："如果对面是我以后的大学就好了！"我仿佛看到了去年的自己。

还记得三年多以前，当我得知自己考上了二中创新班时，激动得在厕所里跳了起来，有一种梦想实现了的喜悦，当时的我还没有想过自己今后要考哪一所大学，上哪一个专业，只知道要好好学习就是了，今后的路自然会一步步明晰。

清楚地记得在高一的一节晚自习结束后，我从教室回到寝室，看到贺嘉湖边的画室还亮着灯，木画板围着静物台放置，安静又美好。这让我不禁想起自己因为中考而放弃的绘画，我以为高中不会再画画了，但是每当看到画板，看到画室，心中就不由得燃起一份热情，仿佛是出于本能的。从那天晚上开始，我终于知道自己想要的是什么，于是从一个文化生的角色变成了艺术生。

高二时，我一直以文化生的标准来要求自己，成绩还算理想，但也难免因为绘画课耽误一些学业，但是我知道自己尽力了，就很满足。高二快结束时，我和妈妈去北京找集训的画室，九个月魔鬼般的训练便开始了。

在画室的时候，每天从早上8点半画到晚上10点半，回到宿舍继续在走廊上支起画架画作业到凌晨两三点，画完之后直接和衣而睡了，白天把咖啡当药喝来提起精神，一百多个人的教室里混着颜料的气味让人直头疼。从前只听学姐说过集训苦，但只有自己经历了才知道到底有多苦，这种训练模式可以说是对人的压抑，每天如机器般的作画让我厌烦，甚至有些后悔自己当初的选择。联考期间回到二中校园时，看到熟悉的教室和班上的同学们，我差一点哭出来，多想回来和同学们一起坐在教室学习，但是我必须面对的是接下来一场场的校考。在接下来的两个多月时间里，在五个城市考试，背着画袋坐了十二趟飞机，终于在三月回到二中，这种感觉就像回到家一样。

九个月没有碰文化课，坐在教室的时候看到黑板上的单词竟有些陌生，距高考只有八十多天了，我意识到自己的任务还很重，但是不同于在画室时那种感觉，我有信心把成绩提回来。一次次月考，成绩的确一直在提高，校考成绩也一个个出来了，前面几个学校都没过，让人有些慌，直到一天中午接到妈妈的电话，告诉我央美过了，又一次兴奋得快要跳起，但眼角却有些湿润，因为付出的太多，而付出后得到的回报是最为珍贵的。

今年九月，拿着录取通知书走进中央美院，这种幸福感是之前从未有过的。所以我想对学弟学妹们说：一旦有了梦想，便只顾攀登莫问高吧，追梦的路上必定充满荆棘，但是不要回头，只要坚持下去了，你将看到更为广阔的风景。

回　味

河南师范大学　文学院汉语言文学专业　杨汀滢

这篇感想，很抱歉，我拖了很久。许多次想要提笔写下一些什么，却又不知道从何记起。许是我这个人忘性大，激动也好，苦痛也罢，都会很快就归于平静。但当我打开同学们的感想时，那些零零碎碎的记忆又渐渐地鲜活起来，尤其在看到许老师说的那句"不是每个人都有梦想，但我看到的你们，都是有梦想的孩子"时，那种热泪盈眶的冲动就好像自己真的回到了那间教室，许老师真的就站在台上。也正是因为这样的冲动，我终于有勇气打开电脑，记录下我的一些感想。

学习的经验我似乎教不了大家什么，每一个坚持到最后的孩子都是优秀、勇敢的，一定要相信自己，相信老师。

不知道奋战在高考一线的你们是否会有迷茫，不知道所做为何，不明晰自己的方向，抑或是觉得自己想要的并非主流，因而有些许的抵触和排斥……以上这些，我都有过，而它们，也或多或少地影响着我的现在。我也很感谢那些时候拥有的任性和幼稚，虽然它们出现得不太合时宜。不管怎么样，都不要让负面情绪主导你的生活，如果实在累了、心情烦闷，不妨到没有人的地方散散心，看看学校里的花花草草，或者去食堂里买点零食大饱口福……没错，我的肉就是这么长起来的。

高中规律而有条不紊的生活是我至今仍怀念的，那样单纯而坚固的友谊也是令人非常值得珍惜的——这或许就是我喜欢高中的原因吧。记得高二高三的时候，有许多学长学姐返校给我们讲他们的大学生活，传递学习经验。那时候，我和朋友觉得，他们总说高中比大学如何如何好，不过是他们已经忘记了那些曾经的痛不欲生，只记住了结果。而现在，我才终于明白，17岁那年雨后初霁的澄澈天空，是往后再难看到的。

高中的教室亦不同于大学，那是我们的半个家。桌面上垒起高高的一摞书，抽屉里满满的也是书，地上、挂袋里和教室外面的柜子中，满满满满的，都是书——这就是高三的标志。然而，除了书以外，在教室里还可以看到几乎所有的生活用品和各种食物。毫不夸张地说，哪怕把我们关在教学楼里十天半个月，我们也能精致地生活下去。这也算是一大奇观吧。

我们的老师也是色彩分明，独一无二的。易老师爽快，许老师优雅，邱老师温柔……每一个老师都气质独特，待人宽厚。每次与老师们的交流，能学到的不仅仅是知识，更有为人处世的道理，修身养性的法则，让我受益匪浅。

高中的实验楼，是我们高三党的秘密基地，那是我们除了教室以外，待的时间最长的地方。那里的每一个角落，每一寸土地，都曾经有过我们的身影——或是在走廊上来回踱步，捧着政史地一遍遍地背记；或是站在栏杆边，刷着永远也做不完的数学题；或是和一两个知心好友坐在楼梯上倾诉自己的心事，谈论着今天的所见所闻……

就这样的一点一滴汇聚成了整个高中生涯。每一次的起起落落就当是人生的一次次历练吧。要知道，最后的结果远没有这样平淡而绝不乏味的过程来得重要。你遇见的人是值得你遇见的，你经历的事情是你应该经历的。每一条路都不会太孤单，又有什么可怕的呢？

最后，我由衷地感谢那段时间给予我无微不至的关照的家人；感谢教给我知识，与我畅聊人生的导师；感谢那些彼此陪伴度过漫长高中岁月的挚友；感谢每次打饭都不忘手抖但是心地善良的食堂阿姨……感谢每一个让我的生命变得明媚的他、她和它，也感谢耐着性子读完这篇有些杂乱的随笔的你。

高中的时光有限，而留下的意味无穷。我会带上这份初心和善意，一直走下去。

一篇空泛的杂谈

西南大学广播　电视编导系　彭伟奇

学弟学妹们你们好，这里是一名不算优秀的学长给你们写下的高中血泪史。

作为学霸班拖后腿的一分子，在学习方法方面，我觉得自己有些不自量力，向大家推荐以王浩宇、沈家璇同学为主的一批优秀学长学姐们的学习方法。而且，我认为，以你们聪明的大脑，跟着老师认真学习，一定能收获理想的成绩。

作为一名艺术生呢，我高中最要感谢贺老师的就是及时让我找到了自己的兴趣所在，并且很好地利用了这个兴趣，通过学艺术实现了自己的目标。在集训的过程中，给我最深的体会就是，其实不管学啥，多读书总是没错的。记得高二开学还没多久，贺老师就在自习室放了一大柜子的书，读书其实对于提升我们的文学素养是有一定的积累性的，有了一定的文学素养，对于写作方面一定有所提升，可以说在学艺术的过程中，我能取得好的成绩很大一部分原因来自于书籍让我有了一定的知识。

也许大多数同学会认为，高中的学习是很苦很累的，其实不然，到了大学你们可能才能真正体会到什么叫做时间就像海绵里的水，挤着都不够用，数不清的论文和各种讲座、活动，往往一天到晚都在不知道忙了些啥中度过。在我看来，高中的每一天起码都是充实的。当然，大学里的自主学习时间是非常充裕的，作为一个在大学逼着自己自觉学习的老学长，我还是希望学弟学妹们能在高中就养成自觉学习的好习惯，你可以抓紧每一个自习课，每一个睡不着觉的午休，因为这样的好习惯在大学是非常有用的。当然，也要注意劳逸结合，就像我们在高中的时候，记得那还是高二，临近学考的时候，大家背书刷题也十分枯燥了，那时候贺老师就带我们去石峰公园烧烤放松，还有高三最后的时候，也是让我们参加心理拓展，在课上搞动员大会（其实是我们在各种嗨），这些记忆我觉得是我高中最难忘的回忆。当然了，我们自己还经常在被我们称为绿色网吧的自习室里搞一些小动作，希望有机会能向大家分享如何逃过贺老师法眼在绿网刷知乎（当然贺老师肯定不会让我分享的）。

这些都是玩笑话，但是我接下来要说的话，也许是老师们说烂了的一句话，那就是在高考中，每一分都要去争。我觉得我算是深有感触了，填志愿的时候，总想着自己要是能再多个五分，也许就能去更好的学校了，虽然我现在坐在一所还算过得去的好大学里给大家写下这些话，但是我却对自己的高考仍存在着许多后悔与不甘，高中的每一分每一秒都是不容浪费的，别再想着偷偷摸摸地刷手机，在上课看一些网络小说，这样也许你高考后就能不那么不甘心。这也就是为啥我在开头说这是一段高中的血泪史，因为在现在的我眼中，高中的一些懒散和浮躁就是一道致命的伤。

写了这么多，相信你们也看腻了，那就祝大家好好学习天天向上吧，希望在未来你们都能收到理想大学的通知书。

椿

四川音乐学院　龙真茜

2017年12月24日 成都 晴

我和朋友们吃完火锅，走在天仙桥北路上，想借用张籍的《成都曲》那首诗。

"锦江近西烟水绿，新雨山头荔枝熟。万里桥边多酒家，游人爱向谁家宿？"

望着成都夜景，没有高中学业的压力，也没有身边父母的唠叨，和朋友们谈论起到成都上学近半年来的感受。

我很庆幸我开始习惯了分别、独立、孤独还有我所谓的自尊心。不得不说这些词对我来说一点也不陌生，它们都是我最爱的朋友们。一个人从长沙往返成都也好，其实也就是从一个起点起飞到另一个终点落地的过程。今年寒假结束我踏上回校的路途，也许是在家时间太久，分别时刻让我一时之间缓不过神来。从高中的校门口到机场的安检口，好像总会有一件东西让你十分的不舒服。可是我却偷偷学会了分别，只是提醒自己别回头看，别给父母添负担，攥了攥手转过头挥手笑着说再见。起飞前，收到妈妈发给我的信息："第一次看到你爸爸眼睛里有眼泪，年纪大了是不是都这样？"我百感交集。

我的高中班主任贺老师和语文老师洪老师打电话，发微信给我说到要写一篇高中心得体会。我可是羞愧不已啊，让老师打电话发微信，我这学生当的未免有点失责了。我和那些在北大、清华、人大的同学们不太一样，我爱追求标新立异。也许你们听过不下百遍的"好好学习、端正态度、虚心请教老师问题、多做题目、你要用心学习啊"等。但我认为应该去享受孤独。

前段时间看了一部电影给我感触颇多，是获得第90届奥斯卡金像奖最佳影片——《水形物语》。贾平凹说过"真正的孤独是不言孤独的，只是偶尔作了几声长啸，宛如我们见到了兽"。看《水形物语》时，我的脑子里一直盘绕这句话，电影里没有一个人说自己是孤独的，无论是哑女，她的同事，包括画家，皆是。整个电影搭建了一种人群集体孤独的氛围，所有人一起去挣扎，向往一种解脱，而鱼人，就是那一丝希望。

你现在处于何种处境也好，尤其是在等待艺考成绩的艺考生们，这的确是一个艰难的过程，我常和爸爸打趣说道："艺考生的确是比文化生多体验了一次人生。""何以这样说？"爸爸不解。"他们的眼睛里藏着故事，自身经历过就什么都懂了。"参加艺考是一件需要勇气的事情，当你们踏上这条路的时候你们会更好地体验生活，会体味人生。去把体验当作是一种享受，找到希望。

你说人处于谷底是什么状态？我想分享给你们听，艺考时，我报考了上海戏剧学院，大家听到"上戏"这两个字时表现的都是对这所高等艺术院校的称赞和羡慕。我当然不例外了。可惜的是，最后我与它失之交臂。坐在虹桥机场里的我一直没缓过劲来，因为上戏是我艺考的最后一场考试，我并不相信我的艺考生涯在上海居然画上了句号。那一刻，我似乎感觉周围充满对我的指责与失望，对，我不掩饰表达我的失落。这的确对我是一次很重的打击，把我的自信心磨灭掉了，当时用"自卑"这个词形容我落荒而逃的样子再好不过了，回到学校的日子脑子里一直在不断重复上演着我考试那天的情景，我没有心情听课也不想趴在课桌上睡觉，日复一日的日子让我渐渐迷失自我，对自己的失望伴随着高考倒计时一天天加重。这种低落的情绪蔓延到了4月份。把我从沼泽里拉上来的应该是川音录取我的通知。

那天，很清楚，我很平静，尤瑟纳尔说过一句让我觉得无比刻薄但又无比精准的话："世界上最肮脏的，莫过于自尊心。"我突然意识到，即使肮脏，我也需要这自尊心如影相随。而在收到录取通知前，与我一起战斗的还有我的老师们：单平老师、贺月莲老师、洪涛老师、彭晓飞老师、曾蜜老师、易树明老师、邱婕老师、许香莲老师等。提起高中三年我最能想起什么？就是这些老师让我懂得凡事都有可能，永远别说永远。

现在可真怀念高三冲刺阶段的学习生活，上英语课的时候，贺老师经常会让我先背单词，每天要背满三页再进行听写，她虽然看起来说话带刺儿从来不给你留情面，但她一定是最关心你的那个人。说到语文课我可真没啥经验好分享的，真是应了那句"腹有诗书气自华"，对于一个完全不爱积累知识、不爱背文言文、文笔糟糕的我还是觉得重在日常积累，临时抱佛脚在语文上完全不太可能！选择题靠感觉这句话还是有灵验的。文综这块，个人认为梳理知识框架，理解和多做练习题是提分的一个关键之处。最后，数学吧，还是别问我了，完全没有逻辑思维，如果数学不好，但心态一定要好。

临近高考那段时间是处于自我否定中度过的，每天在否定自己之后，又会和自己对话，问问自己是否还要再努力一点？可别一蹶不振别为任性买单。可以多去看电影，信念这个东西就是你找准了方向且坚持下去。我不得不承认"高考"是能让人迅速成熟的一次考验，你会感到孤独、压抑，想挣脱束缚。"你知道，有些鸟儿是注定不会被关在牢笼里的，它们的每一片羽毛都闪耀着自由的光辉。"它陪伴我度过高考，而今，我想与你们一起分享这段话。

现在的我，正坐在宿舍里与你们分享这些事情，送给如同当时和我一样心情的高三学弟学妹们。《阿甘正传》有句台词是这样说的：我不觉得人的心智成熟是越来越宽容涵盖，什么都可以接受。相反，我觉得那应该是一个逐渐剔除的过程，知道自己最重要的是什么，而后，做一个简单的人。

最后，愿你们学业有成，高考加油！爱你所爱，行你所行，听从你心，无问西东。

后记

著名的"钱学森之问"引发了社会各界对我国教育事业的深刻反思，《国家中长期教育改革和发展规划纲要（2010-2020年）》中明确提出进行拔尖创新人才培养改革的试点，加快拔尖创新人才的培养。探索建立拔尖创新人才培养的有效机制，促进拔尖创新人才脱颖而出，是建设创新型国家、实现中华民族伟大复兴的历史要求，也是当前教育发展的迫切需要。2012年，我校成功获批成为"首批株洲市普通高中创新型人才培养改革试点学校"，如何培养拔尖创新人才成为我校面临的一个重大课题。在学校领导的大力支持下，我和我的同事们也参与到了这场改革的探索和实验中。

我自1988年从湖南师范大学外语系毕业以来，一直工作在教育教学第一线，担任高中英语教学及班主任工作。从事教育教学工作30载，我始终坚持"立德树人"的基本理念，坚持"先成人，后成才，不成人，宁无才"的育人思想，用爱唤醒学生，用情感化学生，用智慧引导学生，坚持做学生成长的引路人。欣喜的是，孩子们没有辜负老师的用心、家长的关心和自己的努力，在三年的高中生涯里交出了一份份满意的答卷，在"学霸"的路上越走越远，越走越稳。在与学霸们共同成长的岁月里，我获得了丰富的教育教学素材，积累了大量的经验和感悟。现在，我把这些经历、经验和感悟用文字记录下来，既是对学校拔尖创新人才培养实验的一次阶段总结，也是我个人教育生涯的一次梳理和反思，更是我们全体师生和家长的共同成长的见证和写照，以期积累经验，抛砖引玉，为同行提供一些参考和借鉴。

本书是2017届1401班全体老师、学生、家长集体的智慧结晶，由我担任主编，确定整体框架，并对书稿进行审核与修改。具体编写分工是：教师篇——贺月莲、洪涛、彭小飞、易树明、邱婕、许香莲；家长篇——张曼平等12位家长；学生篇——1401班全体学生。全书由贺月莲和熊美琼统稿，高同英校稿。

本书在编写过程中，学校领导给予了高度的关注和强力的支持，还有出版社、印刷厂以及其他的朋友为本书的出版付出辛勤的劳动。在此，我向各位专家、领导和朋友们表示衷心的感谢。

由于编者水平有限，在研究和编写工作中难免存在这样或那样的缺陷，难免有疏漏或不当之处，敬请广大专家、同仁、读者批评指正。

贺月莲

2018年4月16日